Kurzgeschichten-Potpourri

Humor-Tragik-Kurzgeschichten
Romantik-Kurzgeschichten
Fantastik-Kurzgeschichte
Kurzgeschichte-Erzählexperiment
Drama-Kurzgeschichten
Krimi-Kurzgeschichten

Luzie Pan

Impressum

Kurzgeschichten-Potpourri
Humor-Tragik-Kurzgeschichten:
Lächeln gegen den Wind
Markus hat Glück
Spätberufen
Romantik-Kurzgeschichten:
Unfall mit Folgen
Das passende Kleid
Zug ins neue Leben
Fantastik-Kurzgeschichte:
Zu viel Licht
Kurzgeschichte Erzählexperiment:
Gestrandete Existenzen oder was ist Glück?
Drama-Kurzgeschichten:
Antonio sucht sein Glück
Giuseppes sizilianische Welt
Heimat ist überall?
Taube Finger fühlen im Kopf
Alles für die Ehre
Reise nach Istanbul
Krimi-Kurzgeschichten:
Der Barbier von Neukölln
Weiße Weste
Urlaub mit Hindernissen
Leichen im Keller

Ann-Luzie Pan
c/o Papyrus Autoren-Club
R.O.M. Logicware GmbH
Pettenkoferstr. 16-18
10247 Berlin
Kontakt: luziepan@gmx.de
Druck/Vertrieb: Bookmundo

1. Print-Auflage 2020

Bibliografische Information der Deutschen Nationalbibliothek: Die Deutsche Nationalbibliothek verzeichnet diese Publikation in der Deutschen Nationalbibliografie; detaillierte bibliografische Daten sind im Internet über dnb.de abrufbar.

Inhaltsverzeichnis

Kurzgeschichten-Potpourri

Humor-Tragik-Kurzgeschichten

Lächeln gegen den Wind

Markus hat Glück

Spätberufen

Romantik-Kurzgeschichten

Unfall mit Folgen

Das passende Kleid

Zug ins neue Leben

Fantastik-Kurzgeschichte

Zu viel Licht

Kurzgeschichte Erzählexperiment

Gestrandete Existenzen oder was ist Glück?

Drama-Kurzgeschichten

Antonio sucht sein Glück

Giuseppes sizilianische Welt

Heimat ist überall?

Taube Finger fühlen im Kopf

Alles für die Ehre

Reise nach Istanbul

Krimi-Kurzgeschichten

Der Barbier von Neukölln

Weiße Weste

Urlaub mit Hindernissen

Leichen im Keller

Luzie Pan

Danksagung

Mein herzlichster Dank gilt allen meinen zahlreichen Blogaufrufenden aus der ganzen Welt, treuen Fans, meinen Bloglesenden und meinen Follower meines Blogs: https://luziepan.wordpress.com, Follower auf Twitter, Instagram, LinkedIN, Tumblr und meinen Facebook-FreundInnen, danke für alle votes, likes und jedes retweeten. Außerdem geht mein großer Dank an meine KommentatorInnen meiner Leseproben und Kurzgeschichten und meiner Blogs, meinen Rezensenten, meinen Lektorinnen und Lektoren und allen Menschen, die mich bei der Entstehung, Entwicklung und Neubearbeitung meiner Geschichten unterstützt und inspiriert haben.

Humor-Tragik-Romantik-Fantastik-Erzählexperiment-Kurzgeschichten

Kurzgeschichten
Humor Tragik
Lächeln gegen den Wind
Markus hat Glück
Spätberufen
LuziePan
© LuziePan

Humor-Tragik-Kurzgeschichten

Lächeln gegen den Wind

Humor-Tragik-Kurzgeschichte

Widmung

Für alle Opfer der Paramilitärs und Guerilla in Südamerika und ihrer Bevölkerung, die trotzdem noch lächelt.

Vorwort

Kommentar einer Kinderkrankenschwester:

„Die Geschichte mag ich sehr. Es gibt eine „überraschende und doch nicht unlogische Wendung“. Durch die Sicht der Hauptfigur auf Deutschland wird uns ein Spiegel vorgehalten. Trotz aller Schwierigkeiten und vielleicht sogar wegen der Missgeschicke, die passieren, ist der Grundton optimistisch und hoffnungsvoll … wie ein modernes Märchen: „Marta im Glück“.“

Kommentar von Arno von Rosen (Thriller-Autor):

„Es stimmt! Deutsche sind auch Ausländer in jedem Land der Welt. Die Protagonistin gewöhnt sich gerne, aber langsam an die überwältigende Ordnung unseres Landes, und trifft bei der Bewältigung dieser Hürden ausgerechnet auf die Person, derentwegen sie Argentinien verlassen musste. Spannend von Luzie Pan erzählt, und mit einem Augenzwinkern hat die Autorin auf die eigentliche Enge unseres Planeten hingewiesen. Die Erde ist eben ein Dorf, aber das ahnten wir ja schon. Tragikomisch.“

Anonymer Kommentar:

„An „Lächeln gegen den Wind“ gefällt mir, dass sich Marta nicht aus der Bahn werfen lässt, sondern immer den Blick nach vorne gerichtet hält, auch wenn das Leben manchmal verrückt spielt, so wie in Wirklichkeit.“

Bewertung meines Lektoren:

„Aus „Ihren Fahrausweis bitte!“, ist eine reizvolle Geschichte geworden. Geglückt, die Figurenzeichnung. Sei es die Protagonistin, seien es die Nebenfiguren. Nicht zuletzt lebt das Ganze von dem sinnfälligen Kontrast im Hinblick auf die kulturelle Differenz der deutschen Mentalität und einer Argentinierin: diesen Gegensatz haben Sie präzise, dabei nicht ohne Humor, herausgearbeitet. Gleichzeitig ist es der so authentisch wirkende wie lebensnahe Dialog zwischen der Ich-Erzählerin und dem Kontrolleur, später zwischen ihr und dem Geschäftsmann, der das Geschehen vorantreibt und Ihre Figuren ebenso wie das Ambiente charakterisiert.“

Zitat

„Selig, die um der Gerechtigkeit willen verfolgt

werden, denn ihnen gehört das Himmelreich."

(Mt 5,10 (NT))

Lächeln gegen den Wind

Ich heiße Marta Deguerres und kam als Jüngstes von fünf Kindern in Mendoza zur Welt. Mein Vater war verschwunden. Damals war ich zwölf Jahre alt. Wir haben nie darüber geredet. Das war Männersache. Er war einst Weinbauer gewesen, bis ein Konzern sein Land kaufen wollte. Er wollte nicht. Aber das erfuhr ich erst später. Ich war immer mit zur Weinlese gegangen und hatte alles über die Weinernte gelernt. Damals fand ich das langweilig. Ich wusste nicht, dass es mir mal nützlich sein würde.

Als Nesthäkchen kümmerten sich hauptsächlich meine vier Brüder um mich. Sie nahmen mich überall mit hin. Was sollten sie sonst tun, schließlich musste meine Mutter uns alle durchfüttern. Die Rebplantagen gehörten uns nicht mehr und waren gerodet. Später putzte sie zusätzlich in der Schule.

„Für dein Studium", höre ich sie noch immer sagen.

Trotz tiefer Dankbarkeit verließ ich meine Mutter nach der Uni. Ich ging nach Deutschland. Meine Brüder waren inzwischen in Drogengeschäfte verwickelt und das widerte mich an.

Die Sprache fiel mir schwer. Dieses geordnete Deutschland, diese gut funktionierende Zivilisation, wo man mit der Stopp-Uhr in den Feierabend switchte, Kollegen gegen Freunde tauschte, alles seinen Platz hatte und man nichts dem Zufall überließ, überforderte mich.

So schnell gab ich nicht auf. Ich überschüttete meine Mitmenschen mit einem strahlenden Lächeln, wohingegen die griesgrämig guckenden Deutschen nie lachten. Obwohl ich voll Trauer an die Leiche meines Vaters denken musste, die jetzt aufgetaucht war.

Eines Tages lernte ich meinen deutschen Freund Tim kennen. Bei ihm fühlte ich mich sicher; er war zuverlässig und ehrlich. Er erklärte mir so manches, was ich nicht verstand.

Einmal wollte ich eine Zugfahrt buchen und merkte erst einen Tag vorher, dass meine Bahncard nicht mehr gültig war. Ich fuhr zum Bahnhof und wollte eine Neue kaufen. Ich strahlte die Dame am Schalter offenherzig an, unterdessen ich ihr mein Anliegen erklärte. Daraufhin meinte sie, sie könne mir lediglich eine vorläufige Bahncard ausstellen. Allerdings nur, wenn ich sofort bezahlte.

Zuhause merkte ich, dass es statt einer Fünfundzwanziger, eine Fünfziger Bahncard zum gleichen Preis war. Erhobenen Hauptes zeigte ich sie Tim, der schmunzelte, und legte das Dokument mit der Fahrkarte griffbereit auf das Board. Ich war sehr aufgeregt, denn ich sollte bei der Weinlese in Baden helfen. Nach langer Suche hatte ich mir diesen Job erkämpft. Andererseits machte es mich traurig, da es mich an meinen Vater erinnerte.

Am nächsten Tag hatte ich verschlafen, da ich nichts von der Zeitumstellung wusste. Tim war längst aus dem Haus und ich musste mich beeilen. Nachdem ich im Trubel des Zugabteils endlich einen Platz ergattert hatte, ließ ich mich dort nieder und verstaute mein Gepäck. Der Zug Richtung Straßburg fuhr los. Kinder tollten durch den

Zug und ich zwinkerte ihnen zu - sie wollten mit mir spielen - bis ihre Mutter sie weiter scheuchte.

Plötzlich nahm mir gegenüber ein Mann mit randlosen Brillengläsern, ernstem Gesicht und Aktentasche Platz. Eingeschüchtert räumte ich meine Sachen weg, woraufhin er sein Tablet auf den Tisch platzierte. Er lächelte dezent und schaute gleich wieder in sein Gerät. Ich schlief ein bisschen. Nach einer Weile wurde ich unsanft geweckt.

„Die Fahrkarte bitte!", tönte eine Bassstimme neben mir.

Eilig kramte ich in meiner Tasche. Wo war sie nur? Blitzartig begriff ich, dass sie noch zuhause lag.

„Ich, ich ... habe vergessen!", stammelte ich.

Alle Fahrgäste um mich herum gafften mich an.

„Dann hätte ich gerne mal den Ausweis bitte!"

„Äh, einen Moment!", keuchte ich und zog den Pass zitternd hervor und meine Mundwinkel leicht nach oben.

„Sie sind also aus Argentinien! Aufenthaltsbewilligung?"

Ich schaute ihn verwirrt an. Was wollte der Mann von mir?

Der Schaffner fing an zu telefonieren.

„Ja, Helmut, kannst du mal einen Reisepass checken?"

Mir schlotterten die Knie. Hier half auch kein Lächeln.

„Okay, an der Grenze muss sie aussteigen. Danke!"

„Wohin fahren Sie?"

„Oberkirch!", lächelte ich ihn wieder verzweifelt an.

Der Schaffner drehte die Augen zum Himmel und schnaufte:

„Na gut, aber das nächste Mal bitte alles am Mann haben!"

„Am Mann?", ich verstand nicht.

„Na dabei haben!“, entgegnete er genervt.

Augenblicklich zückte er ein imposantes Bezahlgerät und tippte.

Dann verkündete er gelangweilt:

„So, das macht dann einhundertfünfzig Euro, bitteschön!“

„Aaaber so viel habe ich nicht dabei!“, jammerte ich.

„Visa, Kreditkarte?“, erwiderte er, wobei seine Schuhspitze auf und ab tippte.

Während der ganzen Zeit beobachtete mich der Geschäftsmann aus den Augenwinkeln und sagte nun entschieden:

„Herr Schaffner! Das übernehme ich!“

Ungläubig wanderten meine Augen zwischen beiden Männern hin und her. Ich traute meinen Ohren nicht. Ich konnte nicht glauben, was da vor sich ging. Ein Mann wollte viel Geld von mir, nur weil ich meine Fahrkarte vergessen hatte, gerade, dass er mich nicht aus dem Zug warf und ein anderer Mann wollte meine Zeche zahlen. Was ging hier vor? Mir wurde schwindlig. Benebelt sah ich nur noch, wie eine Kreditkarte durch diese Maschine glitt. Dann japste ich nach Luft und bemühte mich um ein dankbares Lächeln für meinen Gönner. Auf dessen Gesicht sich nun ein ausgesucht freundliches, wenn auch mitleidiges, Lächeln zeichnete.

„Kein Problem! Kann ich von der Steuer absetzen! Die hundertfünfzig Euro jucken mich nicht.“

Ich schaute ihn ungläubig an und schüttelte den Kopf.

„Ah“, kam es nach einer Weile aus meinem sich wieder schließenden Mund.

„Freifahrt!“, grinste er jetzt, steckte sein Tablet in die Schutzhülle, schob es zur Seite und verschränkte seine Hände gemütlich hinter seinem Kopf.

Umsonst? Wie ging das? Ich runzelte die Stirn. Ich fand das alles sehr merkwürdig.

Da stütze er seine Unterarme auf den Tisch und beugte sich mir zu.

„Ich fliege bald nach Mendoza!“

Langsam beruhigte ich mich, lockerte mein Halstuch ein wenig und schnaufte tief durch, wobei mein schwarzes Lockenpony von der Stirn ab stob.

„Woher kennen Sie Mendoza?“, flüsterte ich und schaute ihn ernst an.

„Ich habe dort Weinhänge gekauft, und möchte mal nach dem Rechten sehen!“

„Weinhänge? ... Gekauft?“, erwiderte ich.

Es fühlte sich an, als hätte mich ein Stromschlag getroffen. Das war zu viel für mich. Ich starrte zum Fenster hinaus. Der Mann schien das zu merken. Nach einer Weile setzte er erneut an.

„Und Sie? ... Was treibt Sie nach Oberkirch?“, erkundigte er sich freundlich.

„Weinlese“, stotterte ich, stierte aber immer noch aus dem Fenster.

„Ah ja? ...“

Er kräuselte die Lippen und nippte an seinem Kaffee. Als der Kaffeeservice vorbeikam, gab er der Dame ein Zeichen und zeigte auf seinen Kaffeebecher.

„Möchten Sie Kaffee? ... Ich lade Sie ein!“, wandte er sich zu mir.

Ich drehte meinen Kopf zaghaft zu ihm und nickte.

Als die Zugbegleiterin den Kaffee servierte, brachte ich endlich ein kleines Lächeln hervor. Welches der Unternehmer gönnerhaft erwiderte.

Dann grinste ich unvermittelt in mich hinein und dachte:

„Ach, die Deutschen können ja doch lächeln“.

Markus hat Glück

Humor-Tragik-Kurzgeschichte

Widmung

Für alle Apfelbergbauern, kleiner Scherz; hier es gibt gar keine Widmung, einfach nur genießen ;).

Vorwort

Kommentar von Arno von Rosen (Thriller-Autor):

„Spannung pur. Ich mag den Stil der Geschichte. Präzise und schnell im Fortgang und immer nahe an den Gefühlen der Protagonisten. Die Leseprobe könnte zufällig, oder mit Absicht ausgewählt worden sein, aber sie zeigt, dass mit den Nerven des Lesers gespielt wird. So sollte jeder einen Spannungsbogen in einer Geschichte aufbauen.

Guter Stoff für kurzweilige Abende.“

Anonymer Kommentar:

„"Markus hat Glück“ ist ein kurzweiliger Krimi, der nur so an einem vorbei flutscht, und von dem ich noch viel mehr lesen könnte, vorausgesetzt die Autorin hat Lust noch ein paar Krimis zu schreiben :-).“

Bewertung meiner Lektorin:

„Es gelingt Ihnen gut eine dichte Atmosphäre zu erzeugen. Der zentrale Konflikt wird früh genug zur Sprache gebracht. Der Spannungsbogen erhöht sich sukzessive. Eine weitere Qualität Ihrer Kurzgeschichte ist die wörtliche Rede, damit ziehen Sie den Leser sofort hinein in die Szene."

Markus hat Glück

„O.k. die Suchmeldung ist draußen!“, sagte Wachtmeister Brandner zu seinem Kollegen Moser.

Der Wirbelsturm, der die Hänge dem Erdboden gleichmachte, hatte sich endlich beruhigt. Drei Gehöfte am Moosacher Klamm konnten evakuiert werden.

Herr Aichner blickte gen Alpen, so was hatte er noch nie gesehen. Der ganze Apfelhang war verwüstet. Die ganze Ernte war dahin. Eine Katastrophe. Mit seiner Familie, seiner Frau und den Töchtern Emilia und Natalia, konnte er sich gerade noch in Sicherheit bringen. Ein Evakuierungstrupp brachte sie zu den befreundeten Griesgrubers. Frau Aichner schluchzte vor sich hin. Ihr kleiner Sohn Markus war nicht mitgekommen. Er war plötzlich weg. Sie hatte ihn in aller Eile nicht gefunden. Sie zermarterte sich den Kopf. Wo war er nur gewesen? Bei der Apfelernte? Oder beim Spielen?

Frau Griesgruber brachte frischen Kaffee und Kakao. Während sie warteten, hatte sich der Sturm endlich beruhigt und ging in einen feinen Regen über. Herr Aichner stierte zum Fenster hinaus. Hinter dem Bergkamm kam ein leichtes Abendrot hervor. Der Regen wurde wieder stärker und es goss die ganze Nacht hindurch. Der Suchtrupp durchforstete bei strömendem Wolkenbruch bis zum Morgen den ganzen Hang. Sie fanden nichts.

Am nächsten Tag liefen die Aichners voller Besorgnis zum Polizeirevier, um sich nach einem Lebenszeichen zu erkundigen. Der Trupp fand nur ein paar Kindersandalen. Von dem Jungen fehlte jede Spur. Frau Aichner hielt die Sandalen ihres Sohnes fest umschlungen. Sie war den Tränen nahe. Wo war Markus nur geblieben? Jetzt ohne Schuhe? Hoffentlich war ihm nichts passiert!

Als der Wachtmeister mit ihnen sprach, kam plötzlich wieder ein neuer Orkan auf. Herr Moser brachte Kaffee und versuchte, zu ermutigen. Frau Aichner hielt das Warten nicht mehr aus. Jetzt hatte auch Herr Aichner die Nase voll, er wollte Markus selbst suchen.

Als sich der Sturm erneut zu legen schien, traten sie entschlossen den Heimweg an. Am Apfelhang angekommen starrten sie entsetzt nach oben. Vereinzelte Apfelbäume hatten standgehalten. Sonst war alles wie leergefegt. Trostlos. Enttäuscht und traurig stieg die ganze Familie den Hang hinauf. Plötzlich zeigte Emilia mit dem Finger in die Ferne zum Hang.

„Mama, da ist doch etwas im Gebüsch!“

Ein blonder Schopf bewegte sich dort. Frau Aichner wollte jedoch nichts mehr sehen und hören. Als sie näher kam, wollte sie ihren Augen nicht trauen. Emilia hatte Recht. Da war jemand. Ja, das war doch Markus. Er war inzwischen aus dem Gestrüpp geklettert. Als sie fast oben angekommen waren, verfinsterte sich der Himmel erneut und ein neuer Sturm brach los. Von Markus war weit und breit keine Spur mehr zu sehen. Er war wie vom Erdboden verschluckt.

Nach einer Stunde hatte der Sturm wieder nachgelassen. Sie krochen endlich aus ihrem Unterstand hervor.

Plötzlich kam ein Hund angerannt und brachte die Kappe von Markus.

Frau Aichner sank zu Boden, das war zu viel für sie. Ihr Mann half ihr auf und ermutigte sie weiter zu klettern. Wenn sie sich beeilten, dann würden sie ihr Haus noch erreichen, bevor ein neuer Sturm losbrach. Frau Aichner rührte sich nicht. Sie hatte jeden Mut verloren. Die Sandalen und die Kappe fest in der Hand saß sie da und weinte.

Emilia redete ihr zu:

„Komm Mama, da oben ist Markus, wir haben ihn doch gesehen!"

„Das war eine Vata Morgana", erwiderte Frau Aichner ermattet.

Emilia versuchte, ihre Mutter nach oben zu ziehen. Dabei rutschten sie auf dem schlammigen Hang aus und landeten auf dem Boden. Herr Aichner und Natalia versuchten ihnen auf die Beine helfen, aber sie rutschen alle immer weiter den Berghang hinab. Nach einiger Zeit hörten sie plötzlich eine Kinderstimme.

„Mama!"

Sie drehten sich um und erkannten Markus, der zu ihnen herunter geklettert war. Frau Aichner stellte sich sofort auf die Beine.

Als sie ihren Sohn in die Arme nahm, schaute sie ihn mit besorgten Augen an:

„Wo warst du, Markus? Wir haben dich überall suchen lassen!"

Von seinem Vater, Natalia und Emilia umringt zeigte Markus auf das Gestrüpp am Abhang.

„Was ist mit dem Gestrüpp?", erwiderten sie irritiert.

Am Hang angekommen fand Herr Aichner unter dem Gestrüpp eine Höhle, die tief ins Berginnere führte. Markus stand daneben und schaute versunken einen Apfel an.

Mit großen Augen sah er zu seinen Eltern auf und sagte:

„Schaut mal, ich habe einen Apfel gerettet, der ist bei mir reingefallen!"

Seine Eltern betrachteten ihn gerührt. Jetzt schossen Markus Tränen in die Augen und er wimmerte:

„Ich hab gedacht, ihr seid schon tot, weil alles so dunkel war und ich ganz alleine hier oben war!"

Nun beugten sich seine Eltern zu ihm herunter und drückten ihn fest an sich.

Als sie ihr Haus erreichten, standen Körbe von Äpfeln vor der Tür. In der Stube saß der Sepp und qualmte an seiner Pfeife.

„Ich hab` ein bisschen aufgeräumt. Das hat ja ausgesehen wie nach Sodom und Gomorrha! War' s recht so?", nuschelte er vor sich hin und zwirbelte an seinem Bart.

Er zwinkerte Markus zu:

„Hast jetzt wieder rausgefunden aus deinem Versteck? Du hast ja alle auf Trab gehalten!"

Herr Aichner fragte ihn verblüfft:

„Ja Sepp, hast du davon gewusst?"

Der Sepp hatte sich inzwischen die Jamsjacke angezogen und war schon am Gehen, da blinzelte er ihm zu:

„Ja freilich, da hab ich schon als kleiner Bub drin gespielt!"

Herr Aichner verstand gar nichts mehr und sagte entrüstet:

„Das musst du doch der Polizei sagen!"

Aber der Sepp war schon aus der Tür und rief ihm noch nach:

„Ach ja, die müssen doch auch was zu tun haben!"

Als er den Kiesweg vor der Haustüre betrat, strich er Markus, der gerade in den Apfel biss, verschmitzt über den blondgelockten Kopf.

Spätberufen

Humor-Tragik-Kurzgeschichte

Widmung

Für alle Leidtragenden von Korruption

Vorwort

Kommentar einer Kinderkrankenschwester:

„Hat er nun lieber Lust ein Seniorstudium zu belegen oder darf er bald keine eigenen Vorlesungen mehr halten? Dieses Gespräch wird so oder ähnlich wohl an manchem abendlichen Essenstisch geführt; man erkennt den einen oder anderen Satz, den man selbst entgegnen würde oder schon gedacht hat. Interessant wäre, die beiden noch zu anderen Themen der Gesellschaft zu hören, zu etwas, was so in ihren Alltag „einbrechen" könnte."

Anonymer Kommentar:

„Bei „Spätberufen" finde ich die Situation sehr spannend, weil es ein sozialkritisches Thema ist, mit dem wir uns alle sehr bald auseinandersetzen müssen. Ein wirklich gut gelungener Einakter, der sich unverkrampft in das eigene Gemüt drängelt. Insgesamt habe ich schon mehr Short-Storys von Luzie Pan gelesen und war nie enttäuscht - Danke für die Kurzweiligkeit."

Bewertung meines Lektoren:

„Der in Ihrem Text zum Einsatz kommende, in erster Linie witzige und authentisch wirkende Dialog erfüllt treffend die Funktion, die Handlung voranzutreiben und Ihre Figuren zu charakterisieren. Weniger wurde dabei zwar beachtet, wie Mimik und Gestik das ausgesprochene Wort unterstreichen, und auch auf nonverbale Elemente rekurriert, womit Figuren besonders plastisch zutage treten. Aber nicht immer ist es empfehlenswert, Mimik und Gestik mit einzubeziehen. In Ihrem Fall hätte es das Erzähltempo beeinträchtigt, das nicht zuletzt den Reiz dieses Feuerwerks an Rede und Gegenrede ausmacht. Darüber hinaus lebt dieser Dialog gleichwohl von der Schwebe, in der die Handlung weitgehend belassen bleibt, den vielen Andeutungen, die sich erst ganz zum Schluss in etwa auflösen. Das haben Sie gekonnt inszeniert und mit spürbarer Lust am Text zum Besten gegeben - die Lektüre hat sehr viel Spaß gemacht."

Zitat

„Selig, die ein reines Herz haben,

denn sie werden Gott schauen."

(Mt 5,8 (NT))

Spätberufen

„Bist du schon zuhause?"

„Jo, Jo!"

„Wie? … keine Vorlesung heute?"

„Ne, haben wir vorverlegt, so können die Studenten früher zu Mami und Papi!"

„Du dozierst bei Erstsemestern?"

„Ja, auch die! … Wieso nicht?"

„Man hat man dich als Studiendekan vorgeschlagen und du lehrst bei Erstsemestern?"

„Eben drum!"

„Können das nicht deine Doktoranden machen?"

„Ach so … ja genau, die müssen ja die Veröffentlichungen verfassen in eurem Namen, nicht wahr?"

„Nun mach mal einen Punkt. Die schreiben ihre eigenen Arbeiten!"

„Ach ja?"

„Für mich schreibt niemand!"

„Träum weiter Bärchen, vergiss nicht, ich habe auch mal studiert."

„Und es war sehr weise von dir, es nicht zu beenden."

„Wie meinst du das?"

„Eine Physiotherapeutin reicht ja … oder wie? … wenn sie es zur Ärztin nicht geschafft hat … was?"

„So meine ich das nicht!"

„Sondern?“

„Ich hab übrigens noch die letzte Ente ergattert!“

„Und ich hab noch den besten Wein von Aldi mitgebracht!“

„Von Aldi?“

„Ich meine das so … also ich will bei den Erstsemestern …“

„Du willst sie vor einer Korruptionskarriere bewahren … schon verstanden!“

„Naja nicht so ganz.“

„Nämlich?“

„Ich meine, es ist doch wichtig, die Fähigkeit reflektiert und selbstständig zu denken zu entwickeln zu fördern.“

„Wie du immer redest, würden sie was Vernünftiges lernen, müssten sie sich sowas nicht im Studium aneignen.“

„Du meinst so wie Markus oder Tina?“

„Ja!“

„Aber der hat seit Neuestem hohe Ziele! … Will den Master und ein Doktorat machen.“

„Wie geht das denn? … Ach das sind seine üblichen Spinnereien. Soll auf dem Teppich bleiben!“

„Was ist mit Tina?“

„Sie möchte ihren Job bei der Bank kündigen … hat sich in England an einer Uni beworben.“

„Tina? … Warum sagt mir das keiner! Zzzzz!“

„Willst du Risotto oder Pasta?“

„Bist auch schon italienisiert was? … Ich möchte bitte Reis.“

„Was heißt hier italienisiert? … Nur weil Du im Mittelalter und bei deinen Koeffizienten steckst und dich mit

Elementarteilchen beschäftigst, bin ich italienisiert, weil ich die Dinge so ausspreche, wie sie nun einmal heißen!"

„Früher hieß das Reis oder Nudeln."

„Ich bin dafür, dass wir unsere deutschen Sprachkenntnisse behalten."

„Ach, na dann lern du erstmal richtig Deutsch, du Schlesier!"

„Sachte, sachte! Vielleicht wird bald meine Volksgruppe anerkannt … als schützenswert mit Rechten und so!"

„Spar dir deinen Sarkasmus!"

„Für mich heißt das Risotto und Pasta, basta!"

„Sag mal, was ist eigentlich aus deinem Antrag wegen der Frühpensionierung geworden?"

„Ich warte."

„Warum willst du eigentlich in Frühpension gehen?"

„Keine Lust mehr auf Quantenphysik und Hundertjährigen Krieg? Oder gehen dir die Studenten auf den Geist?"

„Habe meine Gründe."

„Ach und darf man davon erfahren?"

„Wenn es so weit ist."

„Zzzzz, immer diese Geheimnistuerei, typisch! … vergiss nicht, du bist verheiratet … mit mir!"

„Aber nein, wie sollte ich!"

„Es ist übrigens ein Brief von einer Universität gekommen."

„Ah, danke."

„Wie kommt's?"

„Ach, der ist sicher nur wegen dem Austausch!"

„Wegen des Austausches? … Welchen Austausch? … Lass mal sehen!"

„Nä, mache ich später auf!"

„Wieso, lass mal sehen! Komm gib her!“

„Nicht so wichtig. Bekommt das ganze Kollegium! … Hat sich eigentlich der Herr Sohn gemeldet? … Der Flieger müsste doch längst angekommen sein?“

„Woher soll ich das wissen! Bin gerade erst gekommen!“

„Mmh, … wieviel Stunden Zeitverschiebung sind das denn? Mal kurz nachrechnen.“

„Und Frau Tochter? … Ach ja die wollte ja hier sein … wie immer, wenn es was zu futtern gibt!“

„Willst du auch Salat?“

„Gerne.“

„Wie läuft es so in der Praxis? Wie geht` s den Patienten?“

„Naja, wie es ihnen geht, darf ich dir nicht sagen, aber momentan kommt es wieder geballt. Wohl das Wetter! … Oder die Ärzte haben ihr Budget noch nicht ausgeschöpft.“

„Ach du Arme!“

„Hoffe nur, dass die Diagnosen dieses Mal stimmen!“

„Wieso?“

„Letztes Jahr hat die Krankenkasse uns tausend Euro nicht gezahlt, weil die Schlüssel nicht gestimmt haben. Den Ärzten ist das egal, die schreiben hin, was ihnen so einfällt und wir sind die Leidtragenden.“

„Mhm.“

„Was soll` s, das ist mein Job! … Besser als Unikorruption!“

„Musste jetzt Überstunden machen?“

„Das kannste glauben, deswegen bin ich gerade erst gekommen und das Essen ist noch nicht fertig!“

„Schätzchen du … ich geh noch kurz mit dem Hund.“

„Zieh dir ne warme Jacke an. Es ist saukalt."

„O.k. bis später."

„Jetzt möchte ich es aber genau wissen … Wie? Bewerbung für Seniorenstudium in Archäologie … Was soll das denn?"

„Na, das ging aber schnell!"

„Hab den Gartentorschlüssel vergessen."

„Wo du immer deinen Kopf hast Herr Quantenphysiker!"

„Schätze er ist auf meinen Schultern. Tschüss!"

„Tschüss!"

„Ich glaub es nicht. Der ist total übergeschnappt!"

Kurzgeschichten
Romantik
Unfall mit Folgen
Das passende Kleid
Zug ins neue Leben
Luzie Pan
©LuziePan

Romantik-Kurzgeschichten

Unfall mit Folgen

Das passende Kleid

Zug ins neue Leben

Unfall mit Folgen

Romantik-Kurzgeschichte

Widmung

Für die Öko-Milchbauern, kleiner Scherz ;). Nein, es gibt gar keine Widmung ;).

Vorwort

Kommentar von Arno von Rosen (Thriller-Autor):

„In den Zeiten, wo Paare sich regelmäßig treffen, um sich literarisch gegenseitig den Hintern zu versohlen, bildet diese Romanze schon eine extreme Ausnahme. Schüchtern nähern sich die Figuren an, und lassen (nicht ganz) offen, ob es ein weiteres Gefühlschaos geben wird. Eine Gute-Laune-Geschichte für Jung und Alt, und der Beweis, dass Luzie Pan mehr als nur „Drama" kann.

Kommentar von Arno von Rosen (Thriller-Autor) zu „Unfall mit Folgen", und folgend zu „Das passende Kleid" und zu „Zug ins neue Leben":

Kurze und knackige Geschichten um die Liebe im normalen Leben, mit besonderen Charakteren. Witzig und gefühlvoll beschrieben, und immer mit einer Botschaft zwischen den Zeilen. Nicht nur für Frauen geeignet, und immer mit einem Augenzwinkern versehen."

Anonymer Kommentar:

„Kein klassischer Liebesreigen, der sich mit Ärzten, Krankenschwester, oder dergleichen hinschmust, sondern der Versuch, Gefühle aus dem Verborgenen ans Licht zu holen. Der Leser darf selber entscheiden, wie weit die Figuren am Schluss gehen dürfen, denn die Storys werden nicht bis zum Letzten ausgenudelt. Es lohnt sich, einen Blick hinter die Kulissen zu werfen, um die Besonderheiten der realen Liebeleien zu entdecken. Ein kurzweiliges Vergnügen."

Bewertung meiner Lektorin:

„Glücklicherweise schreiben Sie den Verliebten kein für eine Short Story unpassendes, weil zu großes Happy End zu, sondern lassen offen, ob sich die beiden tatsächlich wiedersehen werden."

Unfall mit Folgen

„Alpenzeller Käse, Burgunder Rotwein, französisches Baguette, frische griechische Oliven mit Knoblauch und Mandeln gefüllt, eingelegte Zucchini und Auberginen vom Türken, frisch gepressten Orangensaft in der Kühlbox“

Die blondgelockte Sabine ging die Einkaufsliste nochmals durch und lugte dabei abwechselnd in den Einkaufskorb. Ihr Blick streifte zufrieden über die blühenden Wiesen der Anhöhe am Berghang der Alpen. Kuhglocken gepaart mit Muhen tönten in der Ferne. Emsige Bienen schwirrten umher und befruchteten summend die Blüten.

„Okay“, dachte Sabine, nachdem sie die Picknickdecke ausgebreitet hatte, „den Rest bringen mein Schatz Hannes und die anderen mit“, resümierte sie.

Es war Spät-August. Vortags hatte es ein bisschen geregnet, aber die Weide war wieder trocken genug zum Sitzen darauf. Sie freute sich so sehr, diesen Stress hinter sich zu haben und feiern zu können. Sie hatte ihr letztes Examen tatsächlich bestanden! Es kam ihr wie ein Wunder vor. Während sie Ihre Einkäufe aus dem Korb auf der Brotzeitdecke platzierte, lief ihr schon das Wasser im Mund zusammen. Die Sonne stand jetzt hoch am Himmel. Es war immer noch sehr warm. Ein Sonnenschirm hätte nicht geschadet. Egal. Plötzlich klingelte ihr Handy.

Der Südtiroler Marco mit kantigem Gesicht und sanften Augen schwang mit muskulösem Arm die Stalltür hinter sich zu. Seit drei Monaten machte er ein Praktikum in der Milchwirtschaft einer Alm. Der Senner Alfons hatte die neuartigste Melkmaschinenanlage, worüber er eine wissenschaftliche Arbeit schreiben wollte. Marco liebte die Einsamkeit und Ruhe auf der Alm. Ein Kontrast zum hektischen Universitätsalltag in der Stadt. Er plante selbst einmal eine Alm zu übernehmen, aber nicht alleine. Alfons hatte ihn nun ins Dorf für Besorgungen geschickt.

Nach einem steilen mühsamen Abstieg bog er mit Schweißtropfen auf der Stirn auf einen Kiesweg voll Geröll ein. Hier sollte er aufpassen, das wusste er.

Das kurzärmelige gemusterte Sommerkleid flatterte im Wind, als Sabine auf ihrem Rad singend den kurvigen Kiesweg hinunter bretterte. Sie hatte es eilig. Die Freunde hatten eine Auto-Panne und sie musste sie vom Bahnhof abholen, da sie sich in der Gegend hier sicher nicht zu Recht fanden. Außerdem war bei dem schönen Wetter eine sportliche Bestätigung ganz angenehm. Plötzlich sah sie ein scheues Reh am Berghang gegenüber auftauchen, das gleich darauf wieder im Wald verschwand. Eine Seltenheit! Fasziniert guckte sie dem Kitz hinterher. Ein Fehler.

Nun lagen sie da. Sabines Fuß war unter dem Hinterreifen eingekeilt. Als der noch total benommene Marco sich langsam aus der reflexartigen Umarmung löste, sah er überrascht in strahlend blaue Augen. Der Steinschotter auf dem Kiesweg war unter die Reifen des Rades gerollt, so dass Sabine ins Schleudern kam, vom Rad fiel und Marco, der gerade hinter einem Gebüsch auf den Kiesweg einbog, in die Arme landete. Zum Glück war nicht mehr passiert, als Grasflecken auf Kleid und Hose und ein paar Schrammen.

Nachdem sie sich aus der misslichen Situation befreit hatten, saßen sie wenig später gemeinsam am „Picknicktisch".

Marco hatte Sabine vorsichtshalber mit einem Notfallverband versorgt. Den Unfall hatte er schon fast wieder vergessen. Der Reifen war zwar platt, aber was soll`s. Etwas anderes zog Marco in seinen Bann. Er wollte die Einladung erst gar nicht annehmen. Aber jetzt war er wie in Trance. Diese Augen! Sein Herz hüpfte, als Sabine, während sie eine Köstlichkeit nach der anderen, die sie vorhin wieder eingesammelt hatte, aus dem Korb hervor zauberte, rein zufällig mit ihrem Arm den seinen berührte. Marco bekam vor lauter Aufregung kaum etwas herunter. Vielmehr fuhr sein Magen Achterbahn! Sabine hingegen schlug genüsslich zu. Sie hatte den Schock schnell überwunden. Hart im Nehmen! Ab und an schielte sie verstohlen auf die Uhr. Der Zug musste längst angekommen sein. Wo waren sie bloß? Hatten sie sich verlaufen? Sie hatte ihren Freunden per Smartphone eine Wegbeschreibung geschickt, während Marco den Notfallkoffer geholt hatte. Denn Sabine war klar gewesen, dass sie nicht mehr zum Bahnhof kommen konnte. Marco wagte es nicht, seine Augen von Sabine, die ihn vergnüglich angrinste, zu nehmen. Das war wirklich seine Traumfrau, obwohl er so gut wie nichts von ihr wusste. Außerdem war es ein Genuss, ihr beim Essen zuzusehen. Darüber vergaß er ganz, dass er eigentlich ins Dorf sollte.

Nach einer Weile kamen plötzlich Sabines Freunde keuchend den Hang nach oben gekrochen. Vorne an Hannes. Sie begrüßten Sabine und fingen an, aufgeregt von ihrem Missgeschick zu erzählen, während Hannes Sabine einen innigen Kuss auf den Mund gab. Bei diesem Anblick rutschte Marco das Herz in die Hose und er schaute Sabine irritiert an. Sie hob unmerklich entschuldigend die Mundwinkel an. Aus der Traum!

Aber Marco ließ sich nicht so leicht entmutigen und blieb. An seinen Chef dachte er längst nicht mehr und daran wie er ursprünglich hierhergekommen war. Gegen Abend waren auch Apfelkuchen, Kaffee und Spumante vertilgt. Als die Grillen anfingen zu zirpen und alle aufbrachen, schob Sabine Marco unbemerkt ihre Telefonnummer zu. Er nahm sie schüchtern entgegen und erhaschte ein sehnsüchtiges Lächeln von Sabine, als er sich zum Gehen wandte, dass er mit dem Gleichen beantwortete, während er ihr nachwinkte.

„Mein Gott, der Almwirt“, fiel es ihm plötzlich siedend heiß ein.

„Ach, das muss bis morgen reichen“.

Alfons lachte nur, als Marco endlich mit der Sprache herausrückte. Er hatte alles von seiner Alm aus beobachtet und sich dabei köstlich amüsiert. So eine reizende „Sennerin“ hätte ihm auf seine alten Tage auch noch gefallen.

Das passende Kleid

Romantik-Kurzgeschichte

Widmung

Für alle kinderlosen Frauen und Paare

Vorwort

Kommentar einer Kinderkrankenschwester:

„Wieder wie im Märchen ..., aber nur für Frauen! Vorsicht, Klischees. Und doch: etwas, was jeder gern liest: Geliebt werden, nicht weil man sich toll fühlt, sondern weil man einfach da ist, egal wie unpassend man sich im Moment erlebt."

Kommentar von Arno von Rosen (Thriller-Autor):

„Kleid, Frau, und der passende Mann. Ist es so einfach? Zum Glück nicht, denn Luzie Pan schreibt die wahre Geschichte wieder zwischen den Zeilen. Die Generation der Frauen, von Ende Dreißig bis Mitte Vierzig, geprägt von Elternhäusern, für die individuelle Freiheit und Selbstverwirklichung im Vordergrund standen. Nicht in ein starres Konzept gepresst, sondern sich ausprobieren dürfen. Aber nicht für alle ist dieser Traum Wirklichkeit geworden. Frauen, die Kinder bekommen, Karriere machen, und so einfach nebenbei einen passenden Mann finden. Mit einem Augenzwinkern beschreibt die Autorin die Unwägbarkeiten einer funktionierenden Beziehung in der heutigen Zeit, und tatsächlich ist einiges der Story mit dem Hauch eines Klischees behaftet, aber ein gutes Klischee verweist immer auf die Realität. Diese wurde kräftig gewürzt, und mit einem winzig kleinen Schuss rosa Brille versehen, und ist damit ein schöner Verschnaufer des Alltags geworden."

Bewertung meines Lektoren:

„Keine Frage: Der Text ist anschaulich und flüssig geschrieben. Humorvoll erzählen Sie die Geschichte von Lina, die von ihrem Lover verlassen wurde, ein Kind möchte und schließlich die Liebe ihres Lebens findet. Sehr schön schildern Sie die Begegnung Linas mit Raul … Sehr gelungen die Pointe am Schluss ... Dies haben Sie prima herausgearbeitet. Der Text ist zudem gut strukturiert. Alles in allem hat die Lektüre wieder Spaß gemacht!"

Zitat

„Bittet, dann wird euch gegeben,

sucht, dann werdet ihr finden;

klopft an, dann wird euch geöffnet."

(Mt 7,7 (NT))

Das passende Kleid

Lina trug ein blass-blaues Leinenkleid, das ihr zu groß schien, und an ihr herunter schlackerte. Dabei war sie schon groß. Man sah es ihr nur nicht an. Zumindest an ihrer Kleidung. Jetzt fühlte sie sich auf irgendeine Weise fehl am Platz. Sie war gerade aus dem Urlaub, den sie mit ihrer Freundin Sarah auf den Kanarischen verbracht hatte, zurück nach Wiesbaden gejettet. Ein heißer Sommer. In jeder Hinsicht. Jedoch nicht für sie.

Nun saß sie in der Ankunftshalle und wartete, dass sie jemand abholte, indessen Sarah mit ihrem neuen Lover David unlängst abgezogen war. Sie blieb eine Stunde in Warteposition. Von den superbequemen Plastikstühlen, traute sie gar nicht aufzustehen, um sich eine Cola zu holen, aus Angst sie würde ihn verpassen. Aber Mark kam nicht. Es war schon klar gewesen. Enttäuscht schipperte sie allein nachhause.

Lina hatte sich zweiundvierzig Jahre lang das Leben genommen. Wie es ihr kam. Ohne Rücksicht auf Verluste. Was hatte sie noch zu verlieren? Als ihre Eltern kurz nach ihrer Geburt bei einem Autounfall ums Leben gekommen waren, war sie bei ihrer Tante Kriemhilde aufgewachsen. Mit achtzehn hatte sie das Weite gegen die Enge, die sie nervte, gesucht. Sie hatte fast alles durch. Alle Jobs. Alle beruflichen, studien- mäßigen Ausbildungen und beziehungsmäßigen Möglichkeiten. Angefangen mit einer Friseurlehre, dann die Abendschule mit Abitur, das abgebrochene Psychologiestudium bis zum Call-Center. Das übliche Programm.

Die Ferien hatten ihr den Rest gegeben. Jetzt war Schluss. Sie wollte endlich ankommen! Schließlich war sie keine zwanzig mehr! Was sie mit Entsetzen feststellte, wenn sie sich im Spiegel betrachtete. Irgendwann hatte sie Kinder gewollt. Zur falschen Zeit, mit dem falschen Mann. Jetzt war sie wieder solo. Wie es schien. Mark wollte sie anscheinend nicht mehr. Dieser Idiot. Selbst Schuld! Ihre Frauenärztin meinte, sie müsste sich beeilen, wenn das noch etwas werden sollte. Kinder! Sie fühlte sich selbst noch wie ein Kind.

Auf dem Weg zu ihrem Haus spazierte sie bei Kaisers vorbei und wollte Milch holen. Es war kurz vor zweiundzwanzig Uhr. Die übliche Boygroup der Personaldecke, die dort malochte, um sich ihr Taschengeld aufzubessern, räumte gerade die letzte Warenlieferung ein. Einer von ihnen lief immer wie eine Tomate an, wenn sie bei ihm bezahlte. Er war höchstens sechszehn, siebzehn, maximal achtzehn. Es schmeichelte ihr zwar, aber das war einfach absurd. Sie hätte seine Mutter sein können! Sie wollte einen richtigen Mann! Heute war der Südamerikaner, der wirklich nicht zu verachten war, an der Kasse und fragte sie, ob sie Sammelsticker für die Kinder wollte. Lina runzelte die Stirn. Dann strahlte sie und nickte eifrig. Man traute ihr eine Mutterschaft zu. Stolz verließ sie den Laden und ein seliges Lächeln umspielte ihren Mund.

Sie bog in ihre Straße ein und sinnierte, ob sie nicht eine Patenschaft für ein Kind in ärmlichen Verhältnissen übernehmen sollte. Letztes Jahr hatte sie für Wiesbadener

Kinder bei einem Weihnachtsbasar gespendet. Sarah nahm sie bei allen ihren mütterlichen Aktionen stets auf den Arm. Klar sie war auch noch jünger. Zur Samenbank hatte Sarah sie geschickt. Super! Sie wollte einen richtigen Vater für ihr Kind, wenn sie selbst schon keinen Vater mehr hatte und keinen aus der Samenbank. Unwillig schob sie den Gedanken weg und schloss die Haustür auf. Oder sollte sie sich einen Hund zulegen?

Am nächsten Tag ging sie wieder zum Dienst. Sie arbeitete seit einiger Zeit bei der Stadtverwaltung als Elternzeitvertretung und stellte Reisepässe aus. Es war Mittagspause. Beim Türöffnen fiel ihr plötzlich das Smartphone aus der Hand. Während sie sich bückte, um es aufzuheben, griff eine zweite Hand danach. Dabei stieß ihr Schädel an den eines anderen. Es war ein Kopf mit schwarzgelocktem krausem Haar, das ein freundlich lächelndes Gesicht umrahmte.

„Entschuldigung", war alles, was sie herausbrachte, als sie in die tiefschwarzen Augen, die sich in diesem Gesicht befanden, schaute und es ihr dabei heiß und kalt über den Rücken lief.

„Nein, Nein das war meine Schuld!", antwortete das Gesicht, das zu einem stattlichen Mann gehörte, der ihr beim Reichen des Smartphones aus Versehen mit einem Finger leicht über den Handrücken strich.

Es schien eine Ewigkeit zu vergehen, bis Lina ihre Stimme wieder fand.

„Lust auf einen Kaffee!", fragte sie der Mann spontan, bevor sie etwas erwidern konnte.

„Äh ... ja", stotterte Lina, wobei sie den Mann immer noch anstarrte.

Der Schwarzgelockte berührte sie leicht am Arm und geleitete sie wie in Trance zum nächsten Café, wo er ihr höflich die Tür öffnete, wohlerzogen den Mantel abnahm, an die Garderobe hang, ehe Lina sich versah.

Nun saßen sie sich an einem kleinen Bistrotisch gegenüber und tranken Kaffee, den der Mann bereits beim Hineingehen per Handzeichen bestellt hatte. Immer noch elektrisiert blickte Lina in seine sanften Augen. Das musste ein Traum sein. Ein völlig fremder, unbeschreiblich gutaussehender Mann hatte sie zu einem Kaffee eingeladen, schoss es ihr durch den Kopf. Er hatte sie sicher mit jemand verwechselt. Sie wollte sich kneifen, um aus diesem Traum wieder aufzuwachen, denn sie konnte das alles nicht glauben. Aber sie ließ es. Stattdessen saß sie stocksteif da.

„Erinnern Sie sich wirklich nicht mehr?", grinste der Mann freundlich, wobei seine weißen Zähne blitzten.

Lina schüttelte zaghaft den Kopf, immer noch sprachlos.

„Sie haben mir den Reisepass ausgestellt, letztes Jahr. Ich war der, der es so eilig hatte nach Südamerika zukommen".

„Südamerika", grübelte Lina.

Sie versuchte, sich an letztes Jahr zu erinnern. Zu dieser Zeit war sie noch mit Karl zusammen. Zur falschen Zeit. Mit dem falschen Mann, wie sie später erkannte. Damals hatte sie nur Augen für ihn gehabt und war überzeugt, dass Karl der Richtige war. Ihre Kunden hatte sie in dieser Zeit nicht wahrgenommen. Sie waren Luft für sie, die ins Bürgeramt rein- und wieder rauswehte. Wie sollte sie sich da entsinnen können?

„Nein, wirklich nicht", wisperte sie, wobei sie merkte, wie eine leichte Röte in ihr sonst blasses Gesicht stieg, denn es fühlte sich plötzlich glühend an.

Ihr Herz schlug Saltos, je länger sie diesen Mann ansah und ihr gewahr wurde, dass sie sich in der Realität befand. Es verging eine Ewigkeit, die sie anhalten wollte. Schließlich lächelte Lina. Auf einmal wusste sie es. Auf diesen Moment hatte sie ihr Leben lang gewartet. Sie war endlich zur richtigen Zeit, mit dem richtigen Mann, am richtigen Ort. Es war genau richtig und ihre Hände begannen zu schwitzen, wie immer, wenn sie erregt war.

Der Mann beantwortete ihr Lächeln und berührte zärtlich ihre Hände, die vor Schweiß trieften, was ihn nicht zu stören schien. Eine weitere Weile, bei der die Sekunden unbarmherzig voranschritten, saßen sie da und sahen sich an. Lina genoss die Wärme seiner Hände, die weich und geschmeidig waren, wie die eines Klavierspielers. Der Kaffee war längst kalt geworden. Irgendwann drehte sich der Mann um, winkte den Ober herbei und zahlte.

Als sie das Café verließen, beugte er sich an ihr Ohr.

„Ich komme morgen wieder!"

Dann drückte er ihr die Hand liebevoll.

Lina sah ihm einen Augenblick entzückt hinterher, wie er mit rhythmischem Hüftschwung um die Ecke bog.

Drei Monate später war Lina im zweiten Monat schwanger.

Sie freute sich riesig, als sie Raul die Nachricht überbrachte, der sie schwungvoll in die Arme nahm, als sie die Wohnungstür hinter sich zu fallen ließ.

Vier Monate später lief Lina beim Einkaufen zufällig Mark über den Weg, der sie verdutzt begutachtete.

„Ach, du bist wohl in anderen Umständen?"

„Das kann man so sagen“, grinste sie ihn an und stolzierte an ihm vorbei.

Mark sah ihr ungläubig hinterher, als sich von rechts kommend ein Latinomann bei ihr unterhakte.

„Wie hast du das nur gemacht, Lina?“, stöhnte Sarah und rührte in ihrem Latte macchiato, als sie am nächsten Tag mit Lina im Café saß.

„David ist übrigens über alle Berge“, schnaufte sie und legte den Löffel neben dem Glas ab, „auf der Suche nach einer neuen Trophäe“, zischte sie und führte das Glas zu ihrem Mund.

„Ich habe gar nichts gemacht, es ist einfach passiert!“, erwiderte Lina, dabei strich sie sich über den Bauch und setzte sich Sarah gegenüber.

Sarahs Blick fiel auf ihren Bauch und schmunzelte.

„Na jedenfalls passt dir jetzt das Kleid!“

Zug ins neue Leben

Romantik-Kurzgeschichte

Widmung

Für alle Demenzkranken und ihre Pflegenden

Vorwort

Kommentar von Arno von Rosen (Thriller-Autor):

„Es ist geschafft! Drama und Liebesgeschichte vereinen sich zu einer turbulenten flüchtigen Liebe. In den Hauptrollen sehe ich schon Jean Paul Belmondo (der Junge natürlich) und Jean Seeberg, die ihre Liebe über die Grenze retten, und ihre Partner hinter sich lassen. Allemal hätte die Geschichte das Potential für ein richtiges Buch, aber auch ein kurzes Vergnügen macht ja bekanntlich Spaß. Vielleicht findet die Story ja mal eine Fortsetzung."

Bewertung meiner Lektorin:

„Meine Vermutung, dass Sie die Geschichte mit einem Augenzwinkern verfasst haben, wird u.a. gestützt durch die „Käsetheke" sowie die „Wursttheke". Orte die Tragik von vornherein vereiteln. Bei einer noch stärkeren Betonung des Skurrilen im Handlungsverlauf könnte die Geschichte eine Ausnahme hinsichtlich der zumeist berechtigten Forderung nach einem Detailreichtum, der zur Anschaulichkeit beiträgt, darstellen. Und zu der Forderung, nicht das Geschehen eines Romans in einer Short Story zu behandeln. Zuweilen kann die Oberflächlichkeit eben auch Programm sein."

Zitat

„Selig, die Barmherzigen;

denn sie werden Erbarmen finden."

(Mt 5,7 (NT))

Zug ins neue Leben

Fast geräuschlos glitt der letzte Nachtzug aus der Halle. Der Bahnsteig war leer, bis auf einen einzelnen Mann. Der hatte sich eine Zigarette angezündet und starrte dem Zug hinterher, dessen Schlusslichter rasch kleiner wurden. Er wartete seit 18 Uhr. Er hoffte immer noch, dass sie kam. Aber sie kam nicht. Wie konnte er sie vergessen?

Mit den verschwindenden Lichtern verlöschte nach und nach auch seine Hoffnung auf ein neues Leben mit Gabriela. Sie zu kennen, hatte sein Leben komplett verändert. Ein Leben ohne ihr? Unvorstellbar! Ihre Fröhlichkeit und gute Laune beflügelten ihn. Ihre Wärme und Zärtlichkeit trösteten ihn.

Nun hatte er die Zigarette ausgedrückt, aber seine Beine schlotterten wie Espenlaub. Als er sich endlich durch den Bahnhof nach draußen schleppte, drehte ein Penner in der Vorhalle seine Runden auf der Suche nach einem Plätzchen zum Schlafen. Mitleidig schaute Günther dem Stadtstreicher nach. Auch er fühlte sich einsam.

In einer Bar ertränkte er seine Enttäuschung, bis sich einige leere Gläser vor ihm aufreihten. Zur Sperrstunde rüttelte ihn der Wirt wach, nachdem er auf dem Barhocker eingeschlafen war, und zeigte ihm die Tür. Er wusste nicht wohin.

Auf der Straße gabelte ihn glücklicherweise ein Taxi auf und brachte ihn bis vor seine Haustüre. Seinem Grölen, die Treppe nach oben, gebot seine betagte Nachbarin schimpfend Einhalt. Mit Jacke und Schuhen knallte er wie ein Stein auf die Couch. Dabei rutschte sein Handy unter das Sofa. Das Telefon machte sich am frühen Morgen bemerkbar, aber er hörte das Klingeln nicht. Beim dritten Mal kam er langsam zu Bewusstsein. Er griff in die Hosentasche. Nichts. Er rutschte auf den Boden, dann sah er, wie es unter dem Sofa hin und her hüpfte.

Es war seine Geliebte. Sie konnte ihren Mann Alfred nicht verlassen. Sie konnte nicht reden. Sie musste auflegen. Es tat ihr leid. Wenig später stand er vor ihrem Haus. So schnell gab er nicht auf. Betrübt sah er, wie sie hinter dem Fenster im Erdgeschoss mit ihrem Mann stritt.

Am Abend war seine Frau Beate früher als geplant von ihrer Geschäftsreise zurückgekehrt. Als Günther die Haustüre öffnete und die Treppe nach oben stieg, wehte ihm ein starker Geruch um die Nase. Als er den Schlüssel im Schloss der Wohnungstür umdrehte und die Türe aufschnappte, duftete es im ganzen Haus. In der Küche stand Beate gerade am Spülbecken. Irritiert fragte er, was es denn zu feiern gäbe. Sie war befördert worden. Ja, das war seine Karrierefrau, dafür lebte sie. Er heuchelte Interesse an ihrem Erfolg. In seinen Gedanken war er jedoch bei Gabriela. Anstandshalber zwang er das köstliche Mahl in sich hinein. Aber eigentlich war ihm der Appetit vergangen.

Am nächsten Samstag traf er Gabriela zufällig im Supermarkt. Er stand soeben an der Käsetheke und bestellte italienischen Käse als plötzlich sanft eine Hand auf seiner Schulter lag. Gabrielas leuchtende Augen fanden die seinen. Die Zeichen standen wohl auf Grün. Plötzlich näherte sich seine Frau der Wursttheke, die genau neben der Käsetheke lag. Er dachte, sie wäre noch in der Bäckerabteilung. Sowie Günther sie aus den Augenwinkeln sah, drehte er sich schnell von Gabriela weg, aber Beate kam schnurstracks auf ihn zu. Als Beates Blick auf Gabriela fiel, stellte Günther sie verwirrt als seine Kollegin vor. Beate lächelte reserviert und drängte zur Eile. Sie wusste nicht, dass er längst in der Firma gekündigt hatte.

Eine Woche später saß er morgens um acht Uhr mit Gabriela im Zug und fuhr mit ihr in sein neues Leben. Er war glücklich, aber befürchtete, dass ihm seine Frau gefolgt war. Er hatte sich nichts anmerken lassen. War wie immer zur gleichen Zeit ins Büro aufgebrochen. Aber vielleicht hatte sie Verdacht geschöpft?

Mittags, als seine Frau nach Hause kam und die Einkaufstasche auf den Küchentisch stellte, sah sie dort einen Zettel liegen. Günther hatte sie verlassen.

Gabrielas Mann dagegen bekam einen Tobsuchtsanfall, als er nachhause kam und einen Zettel auf dem Küchentisch vorfand. Was bildete sich seine Frau überhaupt ein? War sie jetzt völlig durchgedreht, nach allem, was sie hinter sich hatten? Eine halbe Stunde später sah es in der Wohnung aus, als hätte eine Bombe eingeschlagen. Zufällig fiel ihm ihr Handy in die Hand. Alle Nachrichten gelöscht; alle Nummern gelöscht. Scheiße.

Günther und Gabriela waren inzwischen vom Schaffner kontrolliert worden. Jetzt konnte sie niemand mehr aufhalten. Vorsichtshalber hatte sich Gabriela ein neues Mobiltelefon mit neuer SIM-Karte zugelegt.

Beate nahm die Sporttasche vom Haken, nachdem sie den Zettel zerknüllt und in den Papierkorb geworfen hatte.

Auf der Polizeiwache erfuhr Alfred, dass eine Vermisstenanzeige zwecklos war; denn erfahrungsgemäß käme seine Frau sicher wieder zurück. Den Abschiedsbrief seiner Frau hatte er als Beweis vergessen. Da kein Verbrechen vorlag, würde demnach nach seiner Frau nicht gesucht werden. Alfred war fassungslos und schrie den Polizeibeamten an. Von wegen, die Polizei dein Freund und Helfer. Wofür zahlte er denn Steuern? Langsam wurde er immer aufgebrachter. Es kam zu Handgreiflichkeiten; bis der Polizeibeamte die Sanitäter benachrichtigte, bevor dieser Mann alles zu Bruch schlagen konnte. Die Rettungsassistenten gaben ihm eine Beruhigungsspritze und transportieren ihn ins nächste Krankenhaus.

Endlich passierten Günther und Gabriela die Grenze Schaffhausen. Jetzt waren sie außer Gefahr; keiner vermisste sie. Als sie im Hotel eingecheckt und ihr Hotelzimmer bezogen hatten, fragte Alfred Gabriela, wie sie so einfach hatte gehen können. Sie lächelte nur. Sie hatte für alles gesorgt. Es gab keine Spuren mehr; er könne sie nicht aufspüren. Sie fühlte sich ganz sicher. Günther dachte an Beate. An sich hatte Beate kein großes Interesse an Gabriela gezeigt und war ihr eher gleichgültig begegnet. Ob sie auch einen anderen hatte? Womöglich hatte seine Frau ihm zuerst Hörner aufgesetzt und er war nur zu blind gewesen und hatte nichts gemerkt?

Als er so vor sich hin grübelte, kam Gabriela mit einer Flasche Champagner vom Portier zurück. Sie war in Feierlaune und wollte einen drauf machen. Günther schob seine düsteren Gedanken weg. Da summte sein Handy.

„Bleib doch, wo der Pfeffer wächst. Ich habe längst Ersatz“, las er auf dem Display seines Mobiltelefons.

Günther schnaufte. Wusste er es doch. Das war seine Frau. Eiskalt. Sie hatte sich in den letzten Jahren ziemlich verändert und er wollte es nicht wahrhaben.

Als Alfred im Krankenhaus wieder aufwachte, war er völlig orientierungslos. Neben ihm lag ein alter Mann halbtot im Delirium. Alfreds fragende Augen beantwortete die Schwester mit einem kurzen Nicken. Er sprang auf. Er musste hier weg.

Plötzlich ging die Tür auf und ein Priester kam herein. Auch das noch. Der alte Mann rührte sich ruckartig und hustete. Dann röchelte er ein letztes Mal. Alfred stierte auf den toten Mann, der mit erloschenen Augen Richtung Zimmerdecke starrte, und brach unvermittelt in Tränen aus. Sein Anblick erinnerte ihn an den Tod seines Vaters, dem er nie verziehen und immer die Schuld für alles gegeben hatte. Denn er war immer gegen Gabriela gewesen, obwohl sie ihn in seiner Demenz bis zuletzt aufopfernd gepflegt hatte. Vor einem Monat war er gestorben und jetzt war Gabriela weg.

Beate begrüßte den Fitnesstrainer Kai mit einem Kuss und schwang sich auf den Crosstrainer. Derweil er an der Empfangstheke saß und den Trainingsplan prüfte, sah er kurz auf und traf Beates Blick. Diese strahlte ihn triumphierend an. Kai verstand sofort. Die Bahn war frei. Mit ihrer Beförderung konnten sie sich ein eigenes Häuschen kaufen und womöglich bräuchte er irgendwann gar nicht mehr zu arbeiten.

Einige Wochen später teilte Gabriela Günther mit, dass sie mit ihrem Mann gesprochen habe. Er hatte ihr verziehen und ließ sie ziehen. Er hatte eingesehen, dass er sie nicht mehr halten konnte.

Der Zug fuhr ein. Sie stiegen ein. Weiter Richtung Süden. In ein Leben ohne Hörner und drangsalierendem Schwiegervater. Einfach nur frei sein.

Kurzgeschichten
Fantastik
zu viel Licht
Luzie Pan
© LuziePan

Fantastik-Kurzgeschichte

Zu viel Licht

Fantastik-Kurzgeschichte

Widmung

Für die, die mehr sehen und die man dafür für verrückt erklärt.

Vorwort

Kommentare von Arno von Rosen (Thriller-Autor):

„Bei dieser Story hat Luzie Pan bei mir offene Türen eingetreten. Ich liebe gut erzählte Science-Fiction Geschichten im Stil der 50 er und 60 er Jahre, so wie diese. Mystisch, unheimlich und in jede Richtung offen. Immer mit dem Selbstzweifel behaftet, ob nicht doch nur alles ein böser Spuk ist. Wer auf das Genre steht, bekommt hier gute Lesenahrung. Viel Spaß dabei!

Nachtrag: Es handelt sich unbewusst um die Neufassung von Goethes "Zauberlehrling", welcher ja bekanntlich Geister rief, die er nicht mehr loswurde. Eine witzige Kurzgeschichte zum Schmunzeln für Jung und Alt."

„Als begeisterter Science-Fiction Leser musste ich die Geschichte natürlich lesen, und fand sie erfrischend anders, als die gewöhnliche Space Opera mit Raumschiffen, aus denen die kleinen grünen Männchen steigen. Wer dieses Genre mag, wird bei der Story fündig. Kompliment an Luzie Pan, die sich scheinbar mühelos in jedem Bereich bewegt, ob Drama, Liebe, oder Krimi. Literatur für Schnäppchenjäger, da kann man eigentlich nicht nein sagen."

Kommentar einer Kinderkrankenschwester:

„Die Geschichte ist zu fantastisch für mich. Natürlich ist es eine verlockende Idee, wenn man eine besondere Gabe hätte, die Menschen anders wahrzunehmen. Das

(Wort)Spiel, wer eigentlich gesund und wer krank ist, stößt auch noch mal etwas an; ob wir wohl unsere fantasievolle und kreative Seite zurückdrängen? Vielleicht könnte ja eine Geschichte für Teenager daraus werden: die Entwicklung der Tochter zu sehen … wie wird sie sich entscheiden, welche Etappen wird sie durchleben?“

Bewertung meines Lektoren:

„Die Ich-Erzählerin wacht eines Nachts aufgrund des Lichts einer leuchtenden Kugel auf, dass sie überall hin verfolgt. ... Sie haben alle phantastischen Elemente sehr gut herausgearbeitet, anschaulich und vor allem spannend erzählt. Eine zudem wirklich originelle Idee! Es ist der Geschichte anzumerken, dass sie Ihnen Spaß gemacht hat! ... Alles in allem hat auch mir die Lektüre Spaß gemacht. Ein Erzählstoff der sogar noch ausbaufähig ist, woraus ein ganzer Roman entstehen könnte. Köstlich, ist auch die Schlusspointe.“

Zitat

„Ich preise dich, Vater,

Herr des Himmels und der Erde,

weil du all das den Weisen und Klugen verborgen,

den Unmündigen aber offenbart hast.“

(Mt 11,25 (NT))

Zu viel Licht

Es war eine düstere Novembernacht. Ich war allein zuhause. Der Hund hatte schon ein paarmal angeschlagen, als er gegen Mitternacht endlich Ruhe gab. Ich wälzte mich noch eine Weile hin und her, hörte das alte Haus ächzen und knarren und war gerade eingeschlafen, als ich spürte, dass es ganz hell im Zimmer geworden war.

Ich öffnete die Augen und sah erstaunt eine leuchtende Kugel, die durch den Raum schwebte. Ich stand auf, um sie näher zu betrachten, schürzte dabei die Hände vor meine Augen, um nicht von ihrer Helligkeit, die wie die eines Scheinwerfers war, geblendet zu werden; die Kugel flog jedoch immer in eine andere Richtung, als ich mich ihr zu bewegte.

Plötzlich hielt sie still. Sie krachte auf den Boden und löste sich auf. Das, was krachte, hörte meine Einbildung, denn die Kugel war nur Licht. Geballtes Licht. Sie war keine Materie. Es war warm geworden im Raum. Sehr warm.

Ich schnappte nach Luft und öffnete das Fenster. Was ich da draußen sah, mochte ich nicht sehen. Das war zu viel. Sofort machte ich das Fenster zu. Nicht noch mehr Kugeln.

Die Fensterläden klapperten hin und her. Ein scharfer Wind pfiff durch die Fensterritzen. Ich zog die Vorhänge zu und schritt hastig auf den Flur, wobei der Dielenboden knarrte. Auch dort war alles hell erleuchtet. Aber von was? Ich hatte das Korridorlicht doch gelöscht.

Ich hastete den Flur entlang, um dem Licht davon zu kommen. Mir schien, als ob mir die Helligkeit vorauseilte und mich gleichzeitig verfolgte. Ich huschte ins Bad, schloss schnell die Tür und drehte den Schlüssel um. Die Lichtquelle drang durch das Schlüsselloch. Jetzt hatte ich genug. Ich verließ das Bad, rannte in die Küche und verriegelte wieder die Tür. In der Speisekammer, die mit einem Vorhang abgeteilt war, versteckte ich mich. Es gab kein Entkommen.

Im Nu war die Küche erhellt und das Licht kroch unter dem Vorhang zu mir herein. Allmählich zweifelte ich an meiner Wahrnehmung. Waren das Halluzinationen. Oder eine Art Feuer? Wenn es Feuer war, warum brannte es nicht wie ein echtes Feuer? Es erzeugte unermessliche Wärme. Ich schwitzte wahnsinnig und mein Herz raste.

Ich musste irgendetwas tun! Jemand anrufen? Nur wen? Würde mir jemand glauben? War ich verrückt geworden? Das Licht hatte die Vorratskammer erreicht und erfüllte es vollkommen. Ich gab auf und beschloss nichts mehr zu tun, auch nicht mehr zu denken. Ich war todmüde.

Da hörte ich den Vierbeiner jaulen und schon kam er durch den Vorhang und das Licht hindurch angewackelt, wie durch einen Schleier, der ihn nicht zu stören schien. Sah nur ich das Licht? Ich umschlang den Hund, um mich durch ihn vor dem Lichtschein abzuschirmen, und schlief ein. Wie war er nur in die Küche gekommen? Ich hatte die Türe doch geschlossen?

Der Hund schleckte mein Gesicht ab, als ich, eingerollt unter den Marmeladengläsern, erwachte. Die Sonnenstrahlen schimmerten durch die Küchengardinen und den Vorhang bis in die Speisekammer hinein. Immer noch geplättet von dieser seltsamen Nacht stand ich auf.

Mir fiel wieder die Lichtkugel ein. Ich brauchte Kaffee. Ich füllte Kaffeepulver in den Filter und schaltete die Kaffeemaschine an, aber sie tat nichts. Unvermittelt sprang ich zum Telefon. Auch tot.

Ich rief meinen Bruder per Handy an. Der würde mir glauben. Nach einer halben Stunde stand er mit einer Thermoskanne vor der Tür und ich flog ihm um den Hals.

„Du bist überarbeitet", tätschelte er mir den Rücken.

Ich schüttelte energisch den Kopf und tapste zum Kühlschrank.

Während ich nach der Milch griff, runzelte sich meine Stirn. Ich ließ die Milchflasche los und knallte die Tür zu.

„Das Kühlschranklämpchen ist auch aus", stöhnte ich, lehnte mich mit dem Rücken an die Kühlschranktür und rutschte an ihr entlang hinunter auf den Boden, wobei ich mein Gesicht in meine Hände vergrub.

„Wir rufen die Hausverwaltung an!", beschwichtigte mich mein Bruder, „oder sollen wir vorher die Nachbarn fragen?"

Da klingelte es an der Tür. Es war die Nachbarin.

„Haben Sie Strom?", fragte diese, als ich die Tür öffnete.

„Siehst du!", schnaubte ich zu meinem Bruder gewandt, der über den Flur zur Wohnungstür schlenderte.

„Die Sicherung ist drinnen!", schob die Nachbarin nach und blickte uns ratlos an.

„Womöglich hat die gesamte Straße keine Elektrizität!“, rätselte mein Bruder.

Da nahm ich meinen gesammelten Mut zusammen und keuchte:

„Haben Sie auch dieses Licht gesehen in dieser Nacht?“

„Nein, was für ein Licht?“, grübelte meine Hausbewohnerin, um nach zu schieben, „aber Ihr Hund hat die ganze Nacht gebellt!“

„Der hat gebellt? Die ganze Nacht?“, wunderte ich mich.

Dann protestierte ich: „Das kann nicht sein!“

„Wenn ich es Ihnen doch sage!“, beharrte meine Nachbarin.

„Bis Mitternacht vielleicht“, verteidigte ich mich stirnrunzelnd, denn ich konnte mir das alles nicht erklären.

Ich war irritiert. Wen interessierte der Hund? Aber dieses Licht. Der Gedanke daran ließ mich nicht los.

„Jedenfalls, wenn der Strom da ist ... hier ist meine Nummer, rufen Sie mich an! Ich gehe zu meiner Schwester. So kann man nicht wohnen!“, riss sie mich aus den Träumereien.

„Ja gut … und tut mir leid, wegen des Hundes, soll nicht nochmals vorkommen!“, erwiderte ich betreten.

Mein Bruder verständigte die Hausverwaltung und abends kehrte der Strom zurück. Ich bat meinen Bruder bei mir zu bleiben, falls die Lichtkugel wiederkommen sollte. Gegen vierundzwanzig Uhr war sie wahrhaftig wieder da. Nun glaubte mir mein Bruder. Ich war also nicht durchgedreht. Das war alles real. Sie war da und blieb eine Woche.

Immer abends besuchte sie uns. Danach erblickte ich sie nicht noch einmal. Vorerst. Die Wärme harrte aus und die Heizkosten sanken erheblich. Dann passierte etwas Merkwürdiges. Fortan flog die Sicherung heraus, wenn ich irgendwo einen Raum betrat. Nachdem die Sicherung drinnen war, war wieder alles normal.

Eines Tages überlegte ich, ob ich womöglich zu viel elektromagnetische Strahlung oder was auch immer hatte, da ich alle Stromkreise verwirrte. Um den Dingen auf den Grund zu gehen, versuchte ich diese Strahlung willentlich in Zaum zu halten. Bald konnte ich Lampen aus- und anschalten. Ampeln umschalten. Straßenbahnen zum Stehen bringen. Aufzüge holen. Das fiel irgendwann auf. Es wurde mir unheimlich. Ich sehnte mich zurück nach einem normalen Leben und wollte diese Energien in mir, die da nicht hingehörten, endlich loswerden.

Der Psychologe, den ich aufsuchte, sagte mir, ich müsste meine Lebensweise in Ordnung bringen, denn ich führe Achterbahn. Da lernte ich zufällig meinen damaligen Mann Andre kennen. Die Kräfte wurden weniger, bis sie ganz verschwanden. Ich begann, mich langsam wieder normal zu fühlen.

Nun hatte er das Problem. Wenn er mich sah, gingen die Glühbirnen aus. Erst als unsere Tochter Sabia auf die Welt kam, beruhigte sich das letztlich.

Während ich sie eines Tages ins Bett brachte, erschien plötzlich die Lichtkugel, die mein Töchterchen fasziniert beäugte. Ich dachte: Nein, bitte nicht schon wieder! Jetzt geht alles von vorne los!

Eines Tages holte mein Bruder mein Kind vom Kindergarten ab und eröffnete mir schmunzelnd: „Dein Kind kann Lampen aus- und anschalten, sagt die Erzieherin."

Das alles war vor acht Jahren. Inzwischen hatte ich mich von meinem Mann getrennt. Sabia ging in die fünfte Klasse ins Hausstein-Gymnasium. Sie war ein hochintelligentes Kind und stand kurz davor eine Klasse zu überspringen. Das war fast beängstigend. Ich hatte zur gleichen Zeit andere Probleme.

Währenddessen Sabia mit unserer Lichtkugel prima klar kam, und ihre Energien unter Kontrolle hatte, brachten sie mein gesamtes Nervensystem durcheinander. Ich entwickelte eine „neurologische Krankheit"; weil kein Arzt mehr helfen konnte, hatte man mich in diese Schublade gesteckt. André hatte mich deswegen vermutlich verlassen. Er kam einfach nicht damit klar. Ein aufregender Lebensabschnitt begann.

So langsam fing ich an, meine Energien farbig zu sehen. Ich konnte förmlich sehen, wie Farbbänder zwischen den Menschen hin und her sprangen, wenn sie miteinander kommunizierten. Je nachdem wie sie zueinanderstanden, waren auch die Farben.

Sabia fand das lustig. Sie sah zwar keine Farben, aber wusste immer im Vorhinein, wenn ich wieder Farben sah, und machte sich dann aus dem Staub. Ich sah die Gesichter der Lebewesen anders. Sie waren entweder voll Energie, was sich für mich gut anfühlte und eine warme Farbe hatte. Oder sie waren leer, leichenblass, kalt, was ich auch körperlich so empfand, da mir fruchtbar kalt wurde.

Im Grunde genommen war es praktisch, denn die Farbtöne gaben mir eine Orientierung, so konnte ich mir einigen Ärger sparen. Mein Mann hatte mich ja für verrückt erklärt. Unter Umständen war es ihm auch peinlich gewesen. Weil ich so übersensibel war. Oder übersinnlich. Dabei hatten sich die Lampen damals beim ihm auch ausgeschaltet. Jetzt tat er alles mit einem instabilen Stromkreis ab. Aber daran glaubte ich nicht. Für mich gab es keine logische Erklärung. Aber eine aus einer anderen Welt. Die gleichzeitig stattfand.

Sabia, meine elfjährige Tochter, verstand mich. Sie switchte mühelos zwischen beiden Existenzen hin und her.

Nun fing sie an, nach ihrem Vater zu fragen. Wir waren so verblieben, dass er kein Besuchsrecht hatte. Ich wollte nicht, dass Sabia verwirrt aufwächst. Aber ich konnte ihr doch den Vater nicht ganz wegnehmen, jetzt in diesem schwierigen Alter.

Sabia begannen ihre energetischen Fähigkeiten unangenehm zu werden. Sie unterdrückte alles. Sie war in einer Clique und konnte dort nicht über so etwas reden. Aber sie wollte dazugehören. Sie beharrte darauf, ich sollte nicht von Energien und Farben fabulieren, wenn ihre Freundinnen kamen. Ihr war das peinlich.

Da ich mich vor einiger Zeit als Übersetzerin relativ erfolglos selbstständig gemacht hatte, finanzierte sich unser Leben, neben Alimenten, in dem ich zwischen endlosen Krankengeldzahlungen wegen meiner „neurologischen Krankheit“ und Arbeitslosengeld hin und her balancierte, wenn ich nicht endlich mal wieder einen Auftrag ergatterte.

Als ich eines Tages wieder meinen obligatorischen Auszahlungsschein zur Unterschrift beim Neurologen vorlegte, war dieser selbst krank. Der Assistenzarzt, der meinem Gefühl nach, sagen wir einmal, gerade erst Abitur hatte, vertrat ihn. Er war sehr unsicher und aschgrau. Er hatte gar keine Energie. Es überforderte ihn, die richtigen Buchstaben und Zahlen in das Auszahlungsformular einzutragen, so dass er den letzten Auszahlungsschein als Vorlage benötigte.

Mein Diagnosekürzel kannte er auch nicht; den musste ihm die Arzthelferin erklären. Wobei ich ihr bei der Vorlage des vorigen Auszahlungsscheins gesagt hatte, ich bräuchte lediglich ein „bis auf weiteres", und sie meinte, „das müsse der Arzt entscheiden". Welcher Arzt? Ausgesprochen lustig!

Ich musste ausharren. Ich sah zu, wie der Warteraum sich füllte und die Farben sehr schwach wurden. Ich überlegte, ob das alles Falschmedikamentierte waren, die ohne Medikamente vielleicht mehr Farben, mehr Energie gehabt hätten. Wie gut, dass es für mich keine Arzneimittel gab. Ich war ja offiziell unheilbar. Mehr noch, man kümmerte sich gar nicht um mich, denn ich war ja die „neurologische Patientin", undefinierbar und passte in niemandes Schublade. Ich hasste diese Aufenthalte. Es war einfach unerträglich.

Gleichzeitig war ich sehr nervös. Jedes Mal, ob die angemessenen Buchstaben und Zahlen des Gerade-Abiturienten in Arzt-Montur bei meiner Krankenkasse wieder Geld herausrücken lassen würden. Für die Krankenkasse war ich auch ein marginales Nebenprodukt, das so mitlief, getragen vom deutschen Sozialsystem. Keiner sagte etwas, keiner kümmerte sich. Sie waren froh, wenn sie aus ihrem Schema F nicht aus aussteigen mussten.

Aber diese Energien waren doch da. Bei der Krankenkasse war es mitunter wärmer. Die eine oder andere Bedienstete brachte mich manchmal fast zum Weinen, weil sie so rot und einfühlsam war, wissend, dass man mir eh nicht helfen konnte. Dort konnte ich manchmal sogar meine Jacke ausziehen.

Nun saß sich da und identifizierte die Ausstrahlung der Arzthelferin als mausgrau. Sie war unglücklich, sehr unglücklich, kam ich zum Schluss. Sie moserte alle Patienten an. Wenn ihr ihre Unfreundlichkeit bewusst wurde, versuchte sie freundlicher zu werden, was richtig auffiel, denn das passte gar nicht zu ihr. Und schwupps war sie wieder unfreundlich. Mir taten die farbgeschwächten Patienten leid, die ihre Patientenrechte mit Nachdruck versuchten einzufordern. Die Arzthelferin war total überfordert.

Genauso wieder der Arztabiturient, denn der Arzt war ja nicht da. Er war bettlägerig und konnte nicht gehen. Das war sehr verwirrend, und ich wusste nicht, ob ich jetzt entsetzt sein sollte.

Als der Assistenzarzt meinen Auszahlungsschein endlich unterschrieb und die Arzthelferin ihn über meinen Krankheitsstatus unterrichtete, fügte sie noch hinzu, „ich finde die Akte gerade nicht, aber sie ist die Patientin so und so und schreiben Sie einfach alles ab".

Erstaunlich! So einfach ging das also. Aber musste das nicht der Arzt entscheiden … der dann das tut, was sie Arzthelferin sagt. Dieses Mal war auch alles richtig, es hatte schon mal keinen Stempel, ein falsches Datum und eine fehlende Unterschrift gegeben. Gott sei Dank. Nur die Diagnose hatte immer gestimmt. Da gab es nicht viel Auswahl im Katalog.

Ich glaubte inzwischen, dass diese aschgrauen Menschen, die die Farben nicht sehen konnten und die Energien nicht spürten, die eigentlichen Patienten waren. Ich war gesund, aber ich „verdiente" mein Geld, damit, dass ich für andere unheilbar krank war, weil ich Energien als

Farben sehen konnte. Das war sehr praktisch, vor allem wenn man keine Aufträge hatte.

Inzwischen hatte ich einen neuen Freund, den Sabia auch mochte. Das war wichtig. Er sagte immer zu mir, ich wäre eine Hellseherin. Weil ich seine Gedanken lesen konnte, schon bevor er sie aussprach. Wir konnten ohne Worte kommunizieren.

Mauro leuchtete in den schönsten Farben. Eine Augenweide. Ich hatte ihn im Internet kennengelernt. In einem Chat-Forum für übersinnliche Menschen. Er konnte auch Farben sehen. Wie schön wäre es, wenn das noch mehr Menschen können würden.

Neuerdings besuchte uns wieder die Lichtkugel. Aber sie hatte sich verändert. Irgendetwas war mit ihr. Sabia sagte das auch. Ich wusste nicht, was es war. Als ob das Licht irgendwie verklebt wäre. Vielleicht war sie krank? Was war nur passiert?

Sabia meinte, vielleicht sollten wir sie mal meditieren, damit sie etwas von unseren Energien abbekäme und wieder rein würde. Aber was passierte dann mit uns? Wenn wir dabei wieder schwächer würden? Ich musste Mauro fragen. Aber der war plötzlich verschwunden.

Kurzgeschichte
Gestrandete Existenzen
Luzie Pan
©LuziePan

Kurzgeschichte-

Erzählexperiment

Gestrandete Existenzen oder was ist Glück?

Kurzgeschichte Erzählexperiment

Widmung

Für alle Obdachlosen, freiwillig oder unfreiwillig

Vorwort

Kommentar von Arno von Rosen (Thriller-Autor):

„Glück ist für jeden etwas anderes. Für den Einen ein langer stiller Fluss ohne Untiefen, für den Nächsten muss es wild und unkontrolliert sein – aber alles ist möglich beim Glück. Bei "Gestrandete Existenzen" handelt es sich um ein experimentelles Gedankenspiel der Autorin, die in verschiedenen Metropolen Europas die Menschen beobachtet hat, welche sich in dem Milieu von Bahnhöfen und U-Bahnen bewegen.

Luzie Pan feilt dabei das oberflächliche Elend heraus, und überlässt es dem Leser, ob sich die Menschen dabei glücklich fühlen, oder vom Schicksal verstoßen sind. Hierbei geht es aber nur um die Beobachtung der Lebenskreise, und nicht um eine Geschichte im eigentlichen Sinne. Mit ein wenig mehr vom persönlichen Leben der Autorin, wäre daraus eine Kurzgeschichte mit Seele gewachsen. Trotzdem vielen Dank für die kleinen Reiseausschnitte."

Kommentar von Oliver K.:

„Du inspirierst mich mehr in meine Umgebung zu schauen. Ich war für 15 Minuten nach Berlin Kreuzberg und Rom versetzt (Jahreszeit ungewiss aber es klang kalt). Vielleicht mehr eine Beschreibung und Impressionen als eine Geschichte … sehr schön beobachtet und beschrieben!

Es ist schön zu merken, dass das gegenwärtige Berlin mit Worten so genau und noch genauer dargestellt werden kann, wie mit endlosen Bildern die ich sonst immer zu sehen bekomme. Es verleiht deinem Text etwas Historisches. Besser kann ich es leider auch nicht beschreiben. Weiter so!“

Kommentar einer Kinderkrankenschwester:

„Es ist die Möglichkeit selbst genauer hinzuschauen, auf welche Details achte (auch) ich im Alltag, in der Stadt? Was ist für mich das Glück?

Aber es gibt kein Ziel, keine Pointe, es plätschert nur dahin … und das ist nicht „meine“ Vorstellung vom Finden des Glücks. Aber vielleicht ist es ja genau das, dass es sich nicht einfach so finden lässt …“

Anonymer Kommentar:

„Jeder ist ab und zu am Bahnhof, oder in einer Großstadt, natürlich auch im Urlaub, aber sehen wir wirklich hin, oder sind wir geblendet vom Urlaubsfeeling, oder mit unseren eigenen Gedanken beschäftigt? Luzie Pan wirft für uns einen genauen Blick auf die Menschen und ihr Umfeld.

Was wir dabei entdecken gefällt uns oft nicht, aber es geht unter die Haut, weil es uns das Leben widerspiegelt, welches wir gerne verdrängen. Eine sehr spannend erzählte Kurzgeschichte, die ich so noch nirgendwo gelesen habe. Ein völlig neuer Stil - lesenswert.“

Kommentar von Daniel Mattes (Thriller-Autor):

„Gestrandete Existenzen ist ein spannendes Kurzgeschichte Erzählexperiment der jungen Autorin Luzie Pan.

Es handelt von Menschen am Rande der Gesellschaft, von der Suche nach dem Leben, dem Glück und dem Sinn.

Die Autorin fordert uns auf hinzuschauen wo wir lieber wegsehen würden, zu fühlen und zu verstehen, statt schnell an Menschen vorbeizulaufen. Das Buch vermittelt spannende und teilweise bedrückende Einblicke in ein Leben, dass die wenigsten von uns kennen. Fazit: Absolut lesenswert."

Zitat

„Selig, die arm sind vor Gott,

denn ihnen gehört das Himmelreich."

(Mt 5,3 (NT))

Gestrandete Existenzen oder was ist Glück?

Ich saß in Berlin-Kreuzberg in einem Café und schrieb. Der Anblick der Menschen, die an mir vorbei schwirrten, gab mir zu denken. Und mir kam wieder alles in den Sinn:

Berlin

Ich sah diese gescheiterten Existenzen vor mir, die am Rande der Gesellschaft lebten. Was war es? Die Ellenbogenmentalität? Die Anonymität? Der Überlebens-Kampf? Einfach das Schicksal?

Der U-Bahn-Schnorrer mit den schäbigen Jogginghosen, der mir jeden Tag begegnete und mich um einen Euro bat. Der Sandwich-Verkäufer, mit sechshundert Euro im Monat, der am späten Abend mit den übriggebliebenen Sandwiches an meiner Haltestelle wartete. Die Zigarette, um die er eine Studentin angebettelt hatte, als eiserne Reserve hinters Ohr geklemmt.

Der Flaschensammler, der sich nicht davor ekelte mit der bloßen Hand in die Mülleimer zu greifen und halbleere Flaschen auf die Straße zu kippen, ohne sich vom Biergestank abschrecken zu lassen, um dann mit einem randvollen Einkaufswagen mit den Flaschen in der Tram zu fahren. Der Wagen war dabei sein Heiligtum; alles, was er besaß. Darauf passte er gut auf.

Die Verrückten, die ihre Selbstgespräche in den unterschiedlichsten Facetten unters Volk brachten und deren Singsang ich ständig im Ohr hatte.

Die Roma-Kinder, die in der U-Bahn für die hinter ihnen Musik machenden Müttern Geld einsammelten, schauten mich mit leeren Augen an.

Die Obdachlosen, die die kalte Nacht nicht überlebten und erfroren, weil sie es nicht zu den Wärmebussen geschafft hatten. Manche hatten auf das Obdachlosenheim einfach keine Lust, weil sie dort nur beklaut und gemoppt wurden.

Die Lokalbesitzer, die Schutzgeld zahlen mussten, wenn sie weiter in ihrem Quartier bleiben wollten. Alle Späti-Inhaber, die sich die Nacht um die Ohren schlugen, um über die Runden zu kommen.

Die Lippenstift-Frauen in der U-Bahn, die mit roten Mündern und melancholischen Augen gegen die nebelgrauen Tage ankämpften.

Der Kinderwagen gegen eine Wand eines U-Bahn-Waggons gedreht bot dem sich darin befindenden kleinen deutsch-afrikanischen Kind nur zwei Möglichkeiten: schlafen oder die Werbetafel angaffen. Etwas anderes bekam es nicht in den Blick. So war es in dieser geschickt eingeparkten Position abgeschnitten von der Außenwelt. Die dazugehörige Mutter stand irgendwo im Waggon, hielt ein Schwätzchen und hatte ihr Kind regelrecht abgestellt. Beim Aussteigen hörte ich, dass es sich bei der Mutter um eine rotblonde gut beleibte Schwäbin mit rotem Gesicht handelte. Ein Glück, dass sie sich noch an ihr

Kind erinnert hatte, als sie aus dem Wagen stieg. Ich werde nie den verzweifelten Blick des Mädchens vergessen, wie es versuchte, sich aus der Position zu befreien.

Der junge Mann, der mit der einen Hand telefonierte und mit der anderen einen Kinderwagen vor sich herschob bis er an der Haltestelle stehen blieb um dann einige Schritte vom Buggy weg zu machen in der anderen Hand nun eine glimmende Zigarette. Woraufhin sich sein Sprössling im Kinderwagen nach allen Seiten umdrehte, auf der Suche nach seinem Papa, der seinem Gesichtsfeld entschwunden war. Er fiel dabei halb aus dem Wagen, als er den Vater endlich erspähte. Der kleine Junge musste sich unglaublich beachtet gefühlt haben. Aber er wartete geduldig und plärrte nicht, derweil ihm der Rauch der Kippe um die Nase zog.

Der Sound des Berliner Migrantendeutsch eines Baguette-Verkäufers am U-Bahn-Gleis schwappte mir entgegen. Als ich an ihm vorbeiging, drangen Wortfetzen an mein Ohr. Facebook-Verleumdungen, offene Rechnungen mit Polen, befürchtete Anzeigen wegen Körperverletzung. Da sah ich, dass er, während er telefonierte, seelenruhig belegte Baguettes verkaufte.

Beim Rückweg erblickte ich einen asiatisch aussehenden Mann, der zärtlich die Gebäckstücke in der Auslage seines Backshops aufreihte. Mir fiel auf, dass er keine ordentliche Kasse hatte und das Geld in einer Geldkassette lose herumlag. Ich dachte an Finanzamt, Mehrwertsteuer und Schutzgeld. Diese Zonen waren alle aufgeteilt. Was sich manche Vietnamesen vor S-Bahn-Haltestellen und Supermärkten für den Zigaretten-Schwarzverkauf reservierten und wofür sie sich gegenseitig schon mal umbrachten, praktizierten die anderen entlang der U-Bahn.

Der junge Mann, in dessen ausgebeulter Gesäßhosentasche ein Kicker steckte, womit er sportlich die Stufe zur U-Bahn hinunter sprang, hatte eine Körperhaltung wie ein Boxer. Bereit zum Angriff, immer in Deckung. In seiner Hand wedelte eine Klarsichtfolie mit einem Schreiben vom Job-Point und einen geöffneten Rentenversicherungsbrief. Ich wünschte ihm in Gedanken alles Gute.

Der Busfahrer, der auf dem Hochsitz eines Asia-Imbisses Platz genommen hatte, löffelte hastig seine erste Mahlzeit. Es war siebzehn Uhr. Er hatte Doppelschicht. Gleich ging die Nachtschicht los. Hoffentlich war die Operation gut verlaufen, er konnte sie ja nicht abholen, sprach sein Gesicht.

Ein junger Mann mit Bodybuilderfigur erklärte in einem weiteren Backshop an der U-Bahn per Handy seinem Sportsfreund das Trainingsprogramm. Als er kurz aufschaute, nickte er, holte die Gebäckzange und hievte eine Rosinenschnecke in die Papiertüte.

„Danke“, entfloh es ihm, als ich „stimmt so“ sagte.

Bodybuilding am „Laufsteg“? Machte er so seine Geschäfte? Mit seinem sexy Oberkörper, der in einem blauen Doppelrippunterhemd Marke Schießer steckte? Oder, weil er hier das Monopol hatte? Die U-Bahn kam und ich stieg ein.

Zuhauf strömten die Sozialversicherungspflichtigen schimpfend die enge Treppe hinauf. Der Aufzug war kaputt. Unter ihnen war Miriam. Miriam Schneider. Berufsschule erstes Jahr. Das stand auf ihrem T-Shirt. Sie kotzte voll ab. Sie hatte keine Lust mehr. Das las ich in ihrem Gesicht. Ich lief in die gleiche Richtung.

Als sie über den Görlitzer Park Drogenumschlagplatz Nummer 1 spurtete, sprach sie jemand an:

„Brauchst du was?“

Ich ging weiter.

Irgendeine Großstadt

Am Bahnhof in irgendeiner Großstadt angekommen, tummelten sich Menschenmassen in alle Richtungen. Endlich hatte ich eine Sitzbank im Obergeschoss erobert. Durch ein Glasdach blinzelte mir die Sonne entgegen. Ein Ficus stand unweit vor mir und daneben reihten sich getrennte Abfallbehältnisse aneinander.

Da nahm mir gegenüber ein junges asiatisch-gesichtiges mustergültig deutschsprechendes Pärchen Platz. Sie tranken asiatischen Grüntee und hörten Musik aus dem gleichen iPod.

Ein Rentner schlenderte auf sie zu und sprach sie an, woraufhin sie ihn verwundert anguckten. Als er sich benachbart zu ihnen niederlassen wollte, wurden Sitzplätze neben mir frei. Dort begann er seinen Rucksack zu entleeren, wobei der gesammelte Hausrat seiner Küche zum Vorschein kam. Auf einmal fing er an schmatzend, aus einem überdimensionalen Glasgefäß, zu essen. Das Asiaten-Pärchen, das ihn aus der Entfernung angrinste, fragte nach dem Speiseplan, den er in sich hineinzwang. Gemüseeintopf.

Ein Südländer, der sich neben ihnen niedergelassen hatte, gut gekleidet, mit schwarzem geschniegeltem Haar, zog eine Glasflasche hervor und sah traurig drein. Als sein Handy klingelte, fing er plötzlich an, in einer orientalisch klingenden Sprache zu sprechen. Innerhalb kurzer Zeit, während der Rentner noch mit seinem Eintopf beschäftigt war, stand ein weiterer südländisch anmutender jüngerer Mann neben ihm. Sie führten ein ruhiges Gespräch.

Der Pensionist hatte nun sein Mahl beendet und rülpste, unterdessen sich der zweite Araber wieder verabschiedete und das Asiaten-Pärchen immer noch vor sich hin grinste und zur Musik wippte.

Rentnerinnen durchsuchten die getrennte Müllabteilung nach Flaschen. Der Araber hatte mittlerweile wieder die Wartehaltung eingenommen und sich gemächlich zurückgelehnt. Seine Bierflasche schien er nur als Vorwand in der Hand zu halten; er hatte kein einziges Mal daraus getrunken.

Ein weiterer unausgeschlafener Rentner im abgewetzten Anzug scannte mit der Hand die Mülleinwürfe der Abfalleimer. Fehlanzeige. Da war jemand schneller.

Der Ausbreitungsradius meines Nebenmannes hatte sich inzwischen weiter vergrößert. Er besetzte nun drei Sitze. Nach kurzer Zeit hatte er wieder alles einsortiert. Die sonntägliche Mittagspause war beendet.

Zwei Polizisten auf Streife würdigten uns keines Blickes, während sie uns passierten. Im Erdgeschoss stand eine Security vor einem Postkarten-Laden. Wie passend. Ich dachte daran wie der Bahnhof, in den letzten dreißig Jahren vom Drogenumschlagplatz Nummer 1 in dieser Stadt, zu einem schmucken Einkaufszentrum mutiert war.

Nur die, die sich keinen Sitz-Kaffee leisten konnten, blieben ausgeschlossen von derartig gut bewachten Konsumtempeln. Sie zelebrierten ihr Ausgeschlossensein im Obergeschoss mit mitgebrachten Essensvorräten. Sie waren ausgespuckt wie Strandgut der Wegwerfgesellschaft, der Zeitentschleunigung letzte Bastion.

Die Asiaten verflüchtigten sich. Der Rentner machte ebenso Anstalten das Weite zu suchen. Die Aufmerksamkeit des Arabers lag jetzt bei den vorbei schwirrenden Passanten; er schien entspannter.

Im Zug nach Hamburg

Als ich einmal auf den Zug nach Hamburg wartete, tanzten migrantische Streetdancer am Bahngleis. Sie erhofften ihr Glück bei einem Wettbewerb, für den sie sich per Handy noch schnell angemeldet hatten. Cool und selbstbewusst.

Das Pärchen neben mir, hatte ich auch als teils migrantisch identifiziert. Der Junge ertüchtigte sich im Bodybuilding, arbeitete auf dem Bau oder sonst was. Das Mädchen, zierlich, putzig und in Hundebegleitung im Tragekorb, hatte ihm zum Geburtstag eine „Reise ans Meer“ geschenkt.

Er freute sich irrsinnig, knutschte sie ununterbrochen ab und fummelte an ihr herum, was sie durch ihre Sitzposition, extra provozierte. Nebenbei verwendete er seiner Freundin gegenüber Jugendslang-Ausdrücke wie „Ey Alter“. Ich war irritiert. Dabei wirkte er gut erzogen. Rausschmeißer-Gesicht, Bundeswehrfrisur. Aber wie ein Kind. Eine seltsame Mischung. Trotzdem freute ich mich für sie.

Eine Polter-Abend-Frauengruppe, uniformiert im rosa T-Shirt mit „Ladys-Night-Julia-heiratet“-Schrift, spazierte grölend mit Champagner-Flaschen an mir vorbei. Sie zog die Aufmerksamkeit der Streetdancer auf sich. Die Mädels ließen sie links liegen.

Berlin

Am Bahnhof Zoo angekommen, erwartete mich Uringestank. Eine dilettantenhaft ausgestattete Treppenputzkolonne der Methode „Viel Wasser hilft viel" bearbeitete die Stufen vor dem Bahnhof.

Draußen vertilgte ein Pennergrüppchen sein Abendbierchen. Vor der Currywurstbude probierte ein Mittvierziger Pärchen den Zungenkuss, während sie ihm herzhaft unter das T-Shirt griff.

Daneben postierten etwas verloren breitbeinige Polizisten mit Sicherheitswesten im Doppelpack, die dem Feierabend entgegen sehnten.

Rom

Als ich in Rom ankam, sah ich, dass Arm und Reich nah nebeneinander lebten.

Indische Straßenhändler standen vor luxuriösen Kleidergeschäften und konkurrierten mit Dumpingpreisen. Die Krise sah man nicht. Alle Geschäfte funktionierten.

Aber die Straßen zeitigten einen katastrophalen Zustand. Es galt aufzupassen, um nicht in kleine Krater auf dem Bürgersteig zu treten.

Ein Arbeitsloser rauchte eine elektrische Zigarette und fuhr mit einem Sechszehn-Euro-Monatsticket Tram.

Musliminnen indischer Abstammung traten nur in Gruppen auf. Ein Muslim betete singend auf seinem Teppich, den er am Straßenrand vor den Einkaufstempeln Richtung Mekka ausgebreitet hatte, keiner störte sich daran.

Ein Stück weiter waren die Straßen übersät von draußen auf Kartons nächtigenden Menschen mit Hunden und langen verwanzten Bärten. Jeder hatte sein Revier, das er eifersüchtig verteidigte.

Flanierende rumänische Straßenhändler irgendwelcher Spaßartikel säumten die großen Plätze und redeten penetrant auf die Passanten ein, die sie abzuschütteln versuchten.

Zwei Polizisten wurden von einem psychisch Kranken auf einem Platz angeschossen, den ich tags zuvor passiert hatte. Für einen Moment hielt ich den Atem an, als ich davon erfuhr.

Der Papst mischte sich unter die Leute und zeigte sich nicht auf dem Balkon, als ich zum Petersplatz spazierte, um seinem Angelusgebet beizuwohnen. Er wollte bei den Menschen sein.

Ein Pfarrer unternahm Häusersegnungen, die auf großflächigen Plakaten vor den Häusern angekündigt wurden.

Ein junger Asiate tuckerte einen Rollstuhl mit einem alten Mann auf dem löchrigen Bürgersteig durch die Gegend. Ein Elektrorollstuhl fuhr daneben auf der Straße, gleitend wie ein Mercedes, hinter den Autos her.

Ein Rumäne putzte mit einem Bodenschrubber die Autofenster der an der Ampel haltenden Autos. Dabei passte er sekundengenau die Ampelphase ab und hatte schon einen leeren To-go-Becher in der Hand, den er ans Beifahrerfenster hielt, den Schrubber unter den anderen Arm geklemmt. Wie ein Trapezkünstler sprang er zurück auf den Bürgersteig, um die nächste Ampelphase abzuwarten, den gesamten Verkehr im Blick, als wären die Autos seine Marionetten.

Die Römer sangen lauthals auf der Straße, und machten dabei dem Dauerhupen der Autofahrer und deren aufgebrachtem Gekreische Konkurrenz. Eine perfekt inszenierte Symphonie.

Vor einer Bank saß ein Security-Mann mit Sicherheitsweste und Pistole im Anschlag auf dem Motorrad und war gemütlich in ein Gespräch mit einer älteren Frau vertieft. Später plauderte er mit der hübschen Bauleiterin einer Straßenbaustelle. Die Bank hatte er längst nicht mehr im Blick, es war sowieso nichts los.

Unter der Brücke in einem länglichen dunklen Tunnel reihten zwei Männer ein Buchlager bestehend aus vier Kisten auf Paletten auf. Ein Auslagetisch mit Büchern stand nebenan, dazwischen ein Klappstuhl, auf dem ein Mann mit sich selbst Schach spielte. Hin und wieder vorbeikommende Männer unterhielten sich mit ihm und nahmen auf einem zweiten Stuhl Platz. Zeitentschleunigung im Dunklen eines mit Graffiti verzierten Tunnels mit echten Büchern zum Anfassen.

Dreißig Prozent der italienischen Bevölkerung trieb es wegen der Wirtschaftskrise in den Freitod, las ich in der Zeitung, als ich mir in einer Bar einen Espresso genehmigte. Ich war schockiert. Man sah nichts davon.

Der Fahrkartenautomat am Bahnhof bot die Möglichkeit zur Geldspende, welche eine christliche Gemeinschaft an die Armen weitergab. Das war wie „Aufrunden bitte" im Supermarkt.

Ich stieg in den Zug zum Flughafen. Ich war erschlagen. Der Existenzkampf, schien es mir, war in den Großstädten überall der gleiche. Er war nur unterschiedlich ausgeprägt, aber durchaus global. War das Schicksal? Oder war dahinter für manchen sogar Glück?

Drama-Kurzgeschichten

Drama-Kurzgeschichten

Kurzgeschichten
Drama
Antonio sucht's Glück
Guiseppes sizilianische Welt
Luzie Pan

Antonio sucht sein Glück

Drama-Kurzgeschichte

Widmung

Für alle Tagelöhner, Handlanger, Hilfsarbeiter und alle Migranten, die ins Ausland gehen, um dort ihr Glück zu suchen.

Vorwort

Kommentar von Arno von Rosen (Thriller-Autor):

„Zu gerne würde man mehr von dem Knaben Antonio erfahren, der seine Jugend in den 80er Jahren verbrachte und so typisch erscheint, bevor nach und nach die für uns Deutsche so romantische Vorstellung der italienischen Lebensart zerbröckelt, und man sich mit fortlaufender Geschichte immer mehr an unsere Heimat erinnert fühlt.

Wahrscheinlich folgt Antonio denselben Trieben, wie alle Menschen, die versuchen in einem anderen Land ein besseres Leben zu führen, und nur die Zeit wird zeigen, ob es doch nur ein Traum war. Vielleicht bekommen wir von Antonio noch einen Nachschlag, ich würde mich darüber freuen."

Kommentar von Gabriele B. (Autorin):

„Die Geschichte von Antonio beschreibt das wirkliche Leben in Sizilien. Vom Fischersjungen zum Gastarbeiter und wieder zurück. Man weiß nicht, wo man hingehört und der ständige Kampf ums Überleben. Die Autorin hat das wirklich sehr gut beschrieben und man fühlt sich regelrecht dorthin versetzt."

Kommentar von Daniel Mattes (Thriller-Autor):

„Die Suche nach Heimat, Zufriedenheit und ein wenig Glück gehört zu den Reisen auf die wir uns alle begeben. Manche finden das eine oder andere, manche alles und ganz viele nur wenig.

Eine gesellschaftskritische und lebendige Kurzgeschichte der talentierten Autorin Luzie Pan. Sie nimmt uns mit auf eine eindrucksvolle Wanderung zum Glück und wieder zurück. Fazit: Uneingeschränkte Leseempfehlung."

Anonymer Kommentar:

„Italien ist eines der schönsten Länder die ich kenne, und die Reisestatistik zeigt, dass es bei den Deutschen auch ganz oben auf der Liste beliebter Urlaubsländer steht, aber auch im sonnigen Süden hängen die reifen Trauben oben am Baum.

Luzie Pan schildert sehr eindrücklich die Geschichte junger Einheimischer, die mit denselben Problemen kämpfen, wie alle Jugendliche in Südeuropa. Dies wird aber so liebevoll in Szene gesetzt, dass die Schwierigkeiten der Figuren vor der schönen Erzählweise zu verblassen beginnen, und nur Spannung, Neugierde und ein zufriedenes Leseerlebnis übrig bleiben."

Zitat

„Gebt das Heilige nicht den Hunden,

und werft eure Perlen nicht den Schweinen vor,

denn sie könnten sie mit ihren Füßen zertreten

und sich umwenden

und euch zerreißen."

(Mt 7,6 (NT))

Antonio sucht sein Glück

Sizilien. 1987.

An einem Frühlingstag schlurfte der 14-jährige Antonio am Meer entlang und zog ein Fischernetz hinter sich her. Seine nackten Jungenfüße schlitterten durch den Sand im Meer. Das Wasser reichte ihm bis zu den Knöcheln. Als er am Hafen angekommen war, saßen gelangweilt Männer an der Hafenmauer und rauchten vor sich hin. Siesta.

„Tonino, was machst du da?", rief ihm Giuseppe, der Älteste der Männer, zu.

„Ich fische!", tönte es leise aus Antonios Kindermund, als er verängstigt aufblickte.

„Aber doch nicht so! Du musst schon weiter ins Meer reingehen! So wird das nichts!", kläffte ihn Giuseppe an, während er ihm entgegensprang.

Am Himmel zogen Wolken vorüber und plötzlich kam ein kühler Wind auf. Verzweifelt schaute Antonio Giuseppe an.

„Das Wasser ist soooooooo kalt!", jammerte er.

Giuseppe kniff ihn in beide Wangen, nachdem er den letzten Schritt auf ihn zugemacht hatte.

„Mann, sei doch kein Weichei! Du bist doch schon ein Mann!"

Die Männer, die dem Gespräch gelauscht hatten, fingen plötzlich an zu lachen. Gedemütigt senkte Antonio den Kopf. Dann hob er ihn, verzog das Gesicht und marschierte wieder dem Meer zu, wobei er das Fischernetz hinter sich her bugsierte.

Sizilien. 1995.

In einer Pizzeria am Strand balancierte Antonio übereinander geschichtete Teller auf beiden Armen die Treppe hinunter ins Freie. Es war sein fünfzigster Gang heute. In der Mittagshitze bahnten Schweißtropfen ihren Weg auf seiner Stirn. Der Laden war knallvoll von Touristen. Hochsaison. Aus der Pizzeria tönte lautes Geschrei.

„Zwei Mal Pizza funghi, Tisch 45, Drei Mal Pasta arrabbiata, Tisch 56, bruschetta, nicht vergessen! Aber vorher!!! Los Jungs!“

Antonios Schritte wurden immer schneller. Als er wieder in der Küche angekommen war, positionierte er die Teller geübt auf seinen muskulösen Unterarmen und näherte sich der Treppe abermals. Da stieß er auf einmal mit einem herumtollenden Kind zusammen und rutschte dabei aus. Reaktionsschnell rettete er die Teller, stellte sie ab, landete aber trotzdem am Boden.

Das Kind fing an zu Heulen. Während er dem Kind wieder aufhalf, erklangen laute Gästerufe an sein Ohr. Antonio schnaufte und redete dem Kind tröstend zu. Schnell servierte er die geretteten Teller und kam er an den Tisch der rufenden Gäste.

„Das macht dann 34,90 Euro! … Aaah ... mille grazie! Buona giornata!“, verkündete Antonio mit einem breiten

Lächeln, als sie ihm 50 Euro in die Hand drückten und „tenga il resto" zuriefen.

Er steckte sein Trinkgeld unauffällig in seine Hosentasche, bevor sein Chef es kassierte, dann wischte er sich mit einem Taschentuch die Schweißtropfen von der Stirn und erhaschte einen strengen Blick seines Arbeitgebers.

Sizilien. 2003.

Großbaustelle. Antonio schippte mit nacktem Oberkörper in der Mittagshitze Kies in die Mörtelmaschine und stöhnte dabei lauthals auf. Seine goldene Armbanduhr zeigte schon zwölf Uhr, aber der Kiesberg musste noch weg.

Stunden später saßen Antonio und seine Kollegen im Schatten. Es wurde geraucht und Bier getrunken.

„Also lange mach ich das nicht mehr! Mir reicht' s!", jammerte Antonio und blies den Rauch hastig aus.

Nuncio stieß ihn mit den Ellenbogen in die Seite und raunte:

„Mann, sei doch keine Memme! Das bisschen Schippen! Was bist du für ein Mann? Femminuccia!"

Alles lachte. Antonio betrachtete Nuncio ein paar Sekunden, verzog genervt das Gesicht und stand abrupt auf.

„Na du sitzt ja auch im Bagger, bella comodo (schön gemütlich)! Idiot!", warf er ihm zu und machte einen Satz.

„Wie jetzt? Schmeißt du hin?", schrie ihm Nuncio nach und sah nur noch Antonios Silhouette um die Ecke biegen.

Sizilien. 2008.

Afrikaner richteten ihre Auslagetische mit gefälschtem Schmuck und Taschen auf dem Bürgersteig der Straße entlang am Meer zu Recht. Dabei trällerten sie in ihrer Landessprache vor sich hin. Es war knallheiß und die Sonne spiegelte sich auf ihren schwarzen leicht bekleideten Körpern. Gegenüber war Luigis Bar. Antonio hatte sich dort niedergelassen und nippte an einem Espresso.

„Mit der Fischerei wird das nichts mehr in dieser Saison, das Meer ist viel zu wild und vertreibt alle Fische, schöner Mist!", stöhnte er.

Luigi ordnete die Espressotassen mit einem tiefen Seufzer akkurat auf der Espressomaschine an. Anschließend deckte er sie mit einem Geschirrtuch ab.

„Wem sagst du das! … und die Afrikaner vertreiben mir die ganze Kundschaft!", schüttelte er resigniert den Kopf.

„Ja, ja, tolle Erfindung diese EU-Gesetze, die lassen sie hier rein, arbeiten schwarz und kriegen sogar noch Geld vom Staat, wenn sie sich schlau anstellen."

Luigi wedelte mit einem Plakat, das er unter der Theke hervorgeholte hatte, und die Aufschrift zeigte:

„PÄCHTER GESUCHT FÜR BAR! BITTE IM LADEN MELDEN! DANKE!",

schlenderte damit Richtung Eingangstür, die laut knarrend aufsprang und brachte den Aushang an der Tür umständlich an. Dabei beobachtete ihn Antonio teilnahmslos. Dann hellte sich plötzlich sein Blick auf.

„Hey, suchst du einen Nachfolger?“, griente er, wobei seine weißen Zähne hervorblitzten.

„Ja, willst du einsteigen?“, entgegnete ihm Luigi ermunternd.

Darauf wurde Antonios Grinsen noch breiter und er schob nach:

„Dir sitzt wohl dein Schutzgeld-Erpresser im Nacken, was?“ und rieb dabei Zeigefinger und Daumen aneinander.

Dann schüttelte er entschieden den Kopf, atmete tief durch und knallte ein paar Münzen auf die Theke. Mit Schwung rutschte er vom Barhocker und stolzierte zur Ladentür.

„Ich mach dir einen guten Preis. Überleg´ s dir!“, feilschte Luigi und fasste ihn an der Schulter, als sich Antonio an ihm vorbei drängte.

Antonio drehte sich nochmals zu Luigi um, klopfte ihn auf den Oberarm und zwinkerte ihm zu: „Ne du, ich geh nach Berlin, Ciao!“

Giuseppes sizilianische Welt

Drama-Kurzgeschichte

Widmung

Für alle Waisenkinder, elternlose Kinder und unbegleitete Flüchtlingskinder

Vorwort

Kommentar von Arno von Rosen (Thriller-Autor):

„Eine wirklich rührende Geschichte um eine traumatisierte Familie und den kleinen Giuseppe, der typisch cool erscheinen möchte, um nicht noch mehr verletzt zu werden. Trotzdem zeigt auch diese Kurzgeschichte die nicht alltäglichen Seiten eines Landes, dass für die meisten Menschen wie ein Paradies erscheint, aber hinter der Fassade doch auch nur ein Land mit Problemen ist, welche von den Menschen gelöst werden, oder ihr Glück woanders versuchen. Gut und ergreifend geschrieben."

Kommentar von Gabriele B. (Autorin):

„Eine sehr authentische Geschichte. Irgendwo in Sizilien wird sie so stattgefunden haben. Sie beschreibt das Land und die Leute wie es wirklich ist. Sehr realitätsnah und verschont auch nicht den Kampf mit der Mafia. Die Autorin kommt dem täglichen Geschehen so nahe, dass man es sich bildlich vorstellen kann was gerade passiert, sei es im Café oder auf dem Friedhof. Ich hätte mich gefreut, wenn die Geschichte weitergegangen wäre. Ich hatte mich so richtig eingelesen. Sehr gut."

Bewertung meiner Lektorin:

„In Ihrem Text ermöglichen Sie interessante Einblicke in „Giuseppes sizilianische Welt". Einleitend erzählen Sie von einer Familientragödie, die das Leben der zehnjährigen Titelfigur radikal veränderte … Ich habe Ihren Text mit Vergnügen gelesen. Sie erzählen bildhaft vom abendlichen Flanieren auf der Promenade und dem bunten Leben in Bars und Pizzerien und kontrastieren diese Szenen mit den sozialen und politischen Schwierigkeiten Italiens."

Zitat

„Lasset die Kinder zu mir kommen,

hindert sie nicht daran!

Denn Menschen wie ihnen

gehört das Himmelreich."

(Mt 19,14 (NT))

Giuseppes sizilianische Welt

„Die Mama ist tot und Papa ist weg!“, schmollte Giuseppe, aber das wusste Tanja schon.

Er war zehn Jahre alt und lebte jetzt mit seiner großen Schwester Maria, Bruder Alberto und ab und an Onkel Antonio bei Opa und Oma. Das Haus der verstorbenen Mutter Lorena gehörte jetzt Maria und stand leer. Diese kommandierte jetzt die gesamte Familie herum und hatte dafür gesorgt, dass das Haus ihrer Großeltern von Antonio renoviert wurde.

„Das kann sich ja sehen lassen!“, bemerkte Tanja anerkennend, als sie es zum ersten Mal betrat.

Jetzt heiratete Giulia, ihre Cousine und es wurde nebenan eine Wohnung für sie ausgebaut.

„Onkel Marco und Marias Freund Nino machen das schon“, strahlte Giulia Tanja an, die sie erstaunt anblickte.

Giuseppe konnte nicht alleine sein, deshalb schlief er mit Alberto in einem großen Bett. Wenn Giuseppe am Computer saß, musste die Tür immer offen sein, da er von einem Horrorfilm traumatisiert war.

Aber das Problem lag tiefer, denn sein Vater war abgehauen, als seine Mutter an Darmkrebs erkrankte, scheibchenweise operiert werden musste, und somit ihren „ehelichen Pflichten“ nicht mehr nachkommen konnte. Sie wollte sich scheiden lassen, war aber vorher gestorben. Das war vor einem Jahr. Man hätte die ärztliche Versorgung der Mutter als Kunstfehler bezeichnen können, oder Sterben auf Raten. Italiens Gesundheitspolitik. Keine Bildung. Keine Aufklärung. Dann war da diese Scham, erkrankt zu sein und es niemand wissen durfte. Außerdem gab es diese bigotte Frömmigkeit, mit ihren diversen Marienverehrungen. Tod war dann eben Schicksal oder Gottes Wille.

„Der Bischof aus Pinzetto ist bei Facebook von der Mafia mit dem Tod bedroht worden, weil er an der Prozession teilgenommen hat und gegen die Mafia redete", brach es beim Mittagessen aus Giuseppe heraus.

Fordernder Blick. Betretendes Schweigen. Themawechsel.

Auf dem Weg zur Piazza fuhren Antonio und Tanja an einer Bar vorbei, die durch Versicherungsbetrug abgebrannt war und jetzt nebenan wieder eröffnete, dabei war die Mafia als Brandstifter denunziert worden, sie wurde jedoch selbst in Brand gesteckt. Man brauchte doch Geld für die Renovierung.

Sie kehrten in eine Pasticceria ein und Antonio bestellte einen Espresso, dabei trommelten seine Finger zur Musik im Hintergrund auf die Theke. Tanja stand daneben, aß Cannelloni und nippte abwartend an einem Aqua Minerale. Die Baristen Anna, Giusy und Toto servierten im Fünfertakt. Tassen wurden gespült, rhythmisch mit Espresso gefüllt, Untertassen im Takt auf die Theke gefeuert, darauf Zuckerbeutelchen verteilt und Bestellungen ausgerufen; alles im richtigen Rhythmus.

Die Männer standen dicht gedrängt neben der Theke und verfolgten das Fußballspiel auf dem Groß-Bildschirm, als gäbe es nichts Wichtigeres auf der Welt. Tanja dachte an den Bischof und die Bar. Plötzlich ein Aufschrei: Ein Tor für Juventus. Der ganze Clan brüllte synchron zum Aufschrei im Neben-Café. Die Cafés füllten sich immer mehr und es wurde gemütlich. Das Abendrot schien durch die Baumkronen der Pinienbäume, nachdem sich der starke Schirokko gelegt hatte und die regennasse Fahrbahn langsam trocknete. Leute kamen und gingen. Espresso wurde aus Mokkatassen geschlürft und mit Wasser nachgespült, während alle Blicke gespannt auf den Bildschirm gerichtet waren. Kleine Kinder, adrett gekleidet, kreischten herum und wurden von ihren Eltern eingesammelt. Tanja schaute dem Treiben zu und dachte an den Halbwaisen Giuseppe.

Nachdem Antonio und Tanja zum zehnten Mal die Flaniermeile entlang promeniert waren, kehrten sie in eine Pizzeria ein.

„Wie? Keine Vorbestellung? Da geht gar nichts!“, kam es aus des Obers Mund.

So wurde dieser „Geheimtipp“ erfolgreich mit dem gleichen Establishment selbigen Cousins gewechselt.

„Hallo Antonio, wie geht' s, ah mit Freundin!“, begrüßte sie der Wirt Enzo erfreut, zwinkerte Tanja zu und geleitete sie zum letzten Tisch nach hinten, wo sie gerade noch das Fußballspiel sehen konnten.

Das Erstaunliche an Enzo war seine salopp witzige Erscheinung, wogegen sein Restaurant den Anschein gehobenen Standards machte und alle Kellner in „Uniform“ gekleidet waren, trug er schlechtsitzende Jogginghosen und Turnschuhe, hatte einen knappen ärmellosen Pulli über sein Bäuchlein gezogen, hüpfte vergnügt, trotz sichtlichen Schlafmangels, mit wachen Augen herum und kümmerte sich um jeden Gast einzeln. Sein Anblick erheiterte Tanja. Nach Antonios Kommentar war er eben modern. Nach der Pizza gab es keinen Fernet Branca, einen Verdauungsschnaps, so wurden eben Limoncellos in Plastikbechern eingenommen!

„Welcher Stilbruch!", dachte Tanja stöhnend und schwieg.

Inzwischen war eine ebenso salopp gekleidete Frau aufgetaucht, wohl die Frau vom Chef, und tänzelte fröhlich auf ihren bequemen Schuhen herum.

„Keine High heels! War das sicher eine richtige Italienerin?", schmunzelte Tanja.

Inzwischen gab es zwei Tore, die sie verpasst hatten, denn Antonio begeisterte sich, wenn nicht für Milan, für alles, was im Süden lag. 2:1, das passte ihm gar nicht, das musste man respektieren, denn Fußball war eine „italienische Identität". Tanja sagte lieber nichts, um ja keinen Ärger zu bekommen. Napoli gewann und Tanja scheiterte am 1-Liter- Aqua-Minerale, denn es gab keine kleineren Portionen; man konnte, aus hygienischen Gründen, unmöglich verschiedenen Gästen aus der gleichen Flasche zu trinken geben; das ging gar nicht, was sollte man denn mit dem Rest anstellen? Somit wurden nur ganze Flaschen serviert.

„Interessante Logik!", dachte Tanja und rollte mit den Augen.

„Was für eine Verschwendung", seufzte sie dann und ließ die halbvolle Flasche stehen, als Antonio sie zum Aufbruch drängte.

Am nächsten Tag trafen sie den arbeitslosen Pepe, einen Freund von Antonio, im gleichen Café von gestern und er erzählte von seinem 18-jährigen kleinen Hund, der für ihn wie ein Kind war, das nur ausgesuchte Biscotti, klein geschnittenes Fleisch und keine Pasta aß, weil er sich da schmutzig machte. Er hatte weißes Fell, ging alleine Gassi, konnte Türen aufmachen und gute Menschen von bösen Menschen an ihrem Schritt erkennen.

„Na, das ist ja interessant", feixte Tanja.

Die Wohnung, in der Pepe im vierten Stock mit seiner Mutter wohnte, befand sich in einem italienischen „Plattenbau" der Gemeinde, hatte 120 Quadratmeter und eine Menge Licht, aufgrund von zwei Balkonen und zahlreichen Fenstern. Der ganze Spaß kostete 80 Euro, ohne Hausmeister und Aufzug. Pepes Brüder waren seit Jahren in Deutschland, wo sie ihre Pizzerien inzwischen wieder schlossen.

Die italienische Finanzkrise sah man nicht. Die Leute trugen immer noch Markenklamotten, wenn auch als Plagiate vom Chinesen, und ließen sich nichts anmerken. Um am Wochenende Pizza essen zu können, aßen sie die Woche über weniger, so behielten sie ihre Würde, denn Gesichtsverlust wäre rufschädigender als alles andere gewesen. Selbst die gelangweilten Jugendlichen, die die Straße entlang flanierten, waren nach neuester Mode gekleidet und liefen niemals mit Bierflaschen herum, denn auch sie hatten einen Ruf zu verlieren.

Bei Tanjas letztem Rundgang durch den Ort waren die meisten Anti-Mafia-Plakate abgehängt; nicht von der Mafia, sondern von den Ladeninhabern, die nach dem österlichen „Schutz" wieder Schiss vor der Mafia hatten.

Als Tanja mit Antonio die Blumen an Lorenas Grab wechselte, brach sie unvermittelt in Tränen aus, während Giuseppe, obgleich der rührenden Widmung seiner Schwester auf dem Grabstein, keine Miene verzog.

„Nein! Ich habe noch nie um meine Mama geweint!", brüstete er sich lauthals auf dem Rückweg und fing dabei einen mitleidigen Blick von Tanja ein.

Auf der Fahrt zum Flughafen kamen Antonio und Tanja an der ehemaligen amerikanischen Wohnsiedlung vorbei, die ein eingezäuntes Dorf mit eigener Infrastruktur war und inzwischen in ein Asylantendorf, von der italienischen Armee streng bewacht, umfunktioniert worden war. Der Staat zahlte für jeden Asylanten 3,50 Euro pro Tag, womit die Frauen nicht mehr gezwungen, sich entlang der Straße zu prostituieren.

Als sie am Flughafen ankamen, staunten sie nicht schlecht, als sie Giuseppe auf dem Rücksitz entdeckten.

„Kann ich mit euch kommen", winselte er und hielt seinen Kinderrucksack eng umschlungen, „ich hab auch meinen Kinderausweis dabei."

Tanja lächelte ihn sichtlich bewegt an und ließ ihn aus dem Wagen.

„Ja weiß denn die Oma davon?", setzte sie nach und strich ihm über den Kopf.

„Ja sie hat gesagt, ich soll ruhig gehen", bekräftigte er kopfnickend.

Antonio hatte inzwischen die Koffer ausgeladen und schmunzelte Giuseppe zu.

„Na du bist mir ja einer, du Lausbub", schäkerte er mit ihm und kniff ihn in die Wange.

Der Flug war überbucht, aber sie bekamen nach einigem Verhandeln einen dritten Sitzplatz und der war sogar umsonst.

Als sie zum Gate gingen hakte sich Giuseppe bei Tanja unter und grinste sie an:

„Die Oma sagt, ich kann bei euch wohnen."

Tanja strich ihm über den Kopf und schmunzelte ihn an, „Na wenn die Oma das sagt", gab sie zurück und warf Antonio einen ergebenen Blick zu.

„Na komm, ein Zimmer haben wir doch noch", zwinkerte er ihr zu, zückte die Bordkarten und gab sie der Flugbegleiterin.

Kurzgeschichten
Drama
Heimat ist überall?
Luzie Pan
©Luzie Pan

Heimat ist überall?

Drama-Kurzgeschichte

Widmung

Für A. F. (gestorben 1944) und alle Verfolgten, Vertriebenen, Entrechteten, Geflüchteten, Entwurzelten, Kriegstraumatisierten und die, die dabei mit dem Tod bezahlt haben.

Für alle die nirgendwo eine Heimat finden.

Heimat hat nichts mit Herkunft zu tun. Heimat ist, wo man sich zuhause fühlt; das kann überall sein.
(Luzie Pan)

Zitat

„Selig, die um der Gerechtigkeit willen

verfolgt werden; denn ihnen gehört

das Himmelreich."

(Mt 5,10 (NT))

Vorwort

Kommentar von Arno von Rosen (Thriller-Autor):

„Man braucht weder vertrieben, noch in den ehemaligen Deutschen Ostprovinzen geboren worden zu sein, um zu fühlen, wie die Realität die betroffenen Familien bis heute in Mitleidenschaft gezogen hat. Gerade in der heutigen Zeit ist "Heimat ist überall?", ein eindringlicher Appell an uns alle, nicht mit dem Krieg zu spielen, sondern alles dafür zu tun, dass künftige Familien nicht über Generationen hinweg unter dem Trauma eines Krieges leiden müssen, egal aus welchem Land sie stammen mögen. Es mag eines von vielen gleichartigen Schicksalen sein, welches die Autorin beschreibt, aber es geht unter die Haut und berührt die Seele an vielen Punkten, welch wunderbares Schreibtalent."

Kommentar eines Fotografen:

„Dein Text hat mich sehr beeindruckt. So eine Familiensaga, mit Stoff für einen guten Film. Daran sollte man anknüpfen. Solche Schicksale sind einfach beeindruckend; so etwas darf nicht verloren gehen."

Bewertung meines Lektoren:

„Obwohl Sie hier einen großen Bogen schlagen, mit der Geburt der Mutter anfangen, ergibt das Ganze auf relativ wenigen Zeilen eine geschickte Montage wesentlicher Momente, die … mit hinein gespielt haben, … Vita letzten Endes ausmachen. Und wie in so vielen Lebensläufen, nimmt sich das Trauma, das der zweite Weltkrieg hinterlassen hat, wie ein Subtext aus, der dem Leben der Nachgeborenen unterlegt ist. So etwa der Tod der Schwester beim Spielen, als diese auf eine Handgranate stieß. Enteignung und Flucht mit einhergehender Entwurzelung bilden dann auch nicht gerade den Grundstein für den Anschluss an die seit den 60 ern wachsende Prosperität. Es bleibt ein grundlegender Stress, der sich durch die Biografien der betreffenden Familien wie ein roter Faden zieht. Dies alles macht dieser Text sehr schön transparent und geht unter die Haut. Das haben Sie sehr gut beobachtet und schonungslos, dabei nicht ohne Ironie, zur Sprache gebracht, was das Ganze erträglicher macht. Umso mehr leuchtet der Hoffnung stiftende Schluss auf, der ein Stück inneren Friedens der Mutter sichtbar macht."

Kommentar von Daniel Mattes (Thriller-Autor):

„Ein beeindruckendes Buch der jungen Autorin Luzie Pan über die existenziellen Fragen von Krieg, Vertreibung und der Suche nach Heimat. Eine Aufforderung an uns alle, einmal innezuhalten und über diese Themen nachzudenken. Ein tolles Buch das ich jedem ans Herz legen kann."

Kommentar von Irene S. (Leserin):

„Ein sehr emotionales Werk! Verbunden mit vielen historischen Momenten! Sehr empfehlenswert! Vielen Dank an die Autorin!"

Heimat ist überall?

Ich heiße Magda Friedlovskova, meine Mutter kam vor dem Zweiten Weltkrieg in Mähren, heutzutage Tschechien, auf die Welt. Sie ist die drittälteste von sechs Töchtern. Ihre zweitälteste Schwester Maria starb, als meine Mutter gerade einmal fünf Jahre alt und ihre jüngste Schwester noch unterwegs war, getroffen von einer Granate. Das hat meine Mutter bis heute nicht überwunden, denn es war ihre Lieblingsschwester.

Marias Unfall

„Du siehst ihr außerordentlich ähnlich", wisperte meine Mutter, presste dabei ihre Lippen fest zusammen und goss mir Muttertagstee nach.

Ich nippte an dem Tee und schaute meine Mutter nachdenklich an, als sie fortfuhr:

„Maria hatte immer so gerne Himbeersaft getrunken und ich hatte ihr welchen geben wollen, aber da war sie bereits bei den Engeln", schnaufte sie, setzte sich neben mich und rührte in ihrer Tasse, wobei ihr Blick ins Leere fiel.

Ihr versteinerter Blick schien sich langsam auf mich zu übertragen, denn ich hatte keine Worte mehr, als sie fortfuhr:

„Wir Kinder haben halt auf dem Kartoffelfeld gespielt … und, und da …“, schluchzte sie weinerlich, „wie hatten wir denn wissen können, dass das gar keine Kartoffeln waren, sondern Granaten, die da überall herumlagen?“, schaute sie mich verzweifelt an.

„Da hatte es häufig jemand zerrissen, wer wusste denn, wo alle diese Bomben herumlagen“, bekräftigte sie mein Vater, der sich soeben an den Küchentisch setzte und die glühenden Bäckchen meiner Mutter streichelte.

„An dem Tag, als meine Schwester starb, war Sonntag und das war der Tag, an dem die Frauen, die ja ohne ihre Männer waren, weil die ja im Krieg waren, von den Russen abends in Ruhe gelassen wurden. Das war Glück im Unglück“, erzählte meine Mutter monoton weiter.

„Was heißt in Ruhe gelassen?“, fragte ich meine Mutter verwundert.

„Na, für die Russen, die ja unsere Besatzer waren, waren die Frauen ohne Männer, Freiwild, an denen sie sich bedienen konnten, wenn sie gerade Lust dazu hatten. Nur sonntags war das verboten, aber die Russen hielten sich nicht immer daran“, erklärte mir meine Mutter trocken, ohne mit der Wimper zu zucken.

„Sie mussten sich somit im Heuhaufen verstecken, um nicht vergewaltigt zu werden. Wir kleinen Kinder blieben dann immer die ganze Nacht allein in unseren Betten, uns haben die Russen nichts getan“, flüsterte sie.

Als wäre es das Normalste der Welt und sie daran schuld gewesen, entschuldigte sie sich gleich unwirsch:

„Es war doch Krieg, da war das so, das kannst du nicht verstehen.“

Tränen bildeten sich in meinem Augeninneren, die ich gekonnt wegwischte, als durfte auch ich diese Trauer nicht zulassen.

Nur weil es Sonntag war, als meine Tante starb, konnte meine hochschwangere Oma voll Trauer über ihre Zweitgeborene mit ihren Kindern die Nacht verbringen, ohne Angst zu haben vergewaltigt zu werden. Ich war völlig schockiert. Nein, ich war paralysiert, mir stockte der Atem, bei dieser grauenhaften Vorstellung und dem Gedanken, was so ein Trauma für Konsequenzen nach sich gezogen hatte und was womöglich „vererbbar" war.

Als ich das seit 70 Jahren irgendwie versteinerte Gesicht meiner Mutter betrachtete blieb mir beinahe das Herz stehen; bei so viel Schmerz. Einen Schmerz, den sie seit 70 Jahren in sich trug und nie verarbeitet hatte und ich wusste nichts davon, weil sie nie darüber reden konnte. Und jetzt brach alles heraus.

Unfähig etwas zu sagen, geschweige denn sie zu trösten, ihr den Arm um die Schultern zu legen, saß ich da und schaute schweigend zu, wie auch sie endlich feuchte Augen bekam und mich tiefe Traurigkeit überkam. Wir haben danach nie mehr darüber geredet, es wäre zu schmerzhaft gewesen, wieder alles hoch kommen zu lassen.

Die Vertreibung

Die Familie meiner Mutter wurde nach dem Krieg enteignet und nach Süddeutschland vertrieben. Sie nahmen in dem Güterwaggon, in dem man sie wie Vieh abtransportierte, alles mit, was sie tragen konnten. Alles andere gehörte ihnen nicht mehr, kein Vieh, kein Land, kein

Acker, nichts. In Bayern angekommen, teilte man sie nach deutschem Gesetz einem Bauern zu, der sie aufnehmen musste. Dort hütete meine Mutter, wie ihre Schwestern, Kinder anderer Familien, damit das Geld reichte, während der Bauer und die Bäuerin ihre Eltern wie Knecht und Magd behandelten, bis sie nach langen Jahren harter Arbeit, genug Geld gespart hatten, um sich eine eigene Existenz aufzubauen.

Familiengründung

Meine Mutter war, als sie jung war, eine wunderschöne Frau gewesen. Dann lernte sie meinen Vater kennen, heiratete und zog mit ihm und uns, nach und nach geborenen drei Kindern, in den folgenden 14 Jahren, innerhalb von Bayern viermal um. Filialschließungen. Das letzte Mal, als ich 14 Jahre alt war. Vier Jahre später suchte ich dann selbst das Weite.

„Völkerwanderung“

Wir lebten damals am Wochenende zeitgleich in Österreich bei zu betreuenden Verwandten. Wir Kinder hatten das Licht der Welt an unterschiedlichen Orten Bayerns erblickt. Meinen Geburtsort verließ ich mit acht Lebensmonaten, wie man mir erzählte. Dorthin kehrte ich erst später für zwei Jahre im Verlauf meiner ersten Ausbildung zurück.

„Sie san aba ned fo do, gei? (Sie sind aber nicht von hier, nicht wahr?)“, hörte ich des Öfteren, da ich nicht exakt den voralpenländlichen Dialekt sprach, obgleich ich ihn meist verstand.

Und einen bayrischen Nachnamen hatte ich auch nicht. Wie dumm aber auch. Niemand glaubte mir, dass ich dort geboren, „sozusagen" eine Einheimische war, obwohl ich dort nicht aufgewachsen war.

Arischer Nachweis

Mein Vater wurde als kleiner Junge auch vertrieben, aus Böhmen, ebenfalls heute Tschechien, wo seine Familie zweihundert Jahre gelebt hatte. Das konnte er belegen. Arischer Nachweis nannte man das. Er hatte noch mehr Erinnerungen, die noch gruseliger waren. Aber die wollte ich erst gar nicht wissen. Das war zu viel für mich.

Kindheit

Als ich den Kindergarten besuchte, erwischte meine Mutter eine Eisenschaukelstange am linken Auge, woraufhin sie in der Folge an einer Nervenkrankheit litt. So genau verstand ich das damals nicht. Viele verschiedene Krankheiten reihten sich aneinander. Sie fing an, ständig auf irgendeine Weise krank zu sein. In meiner Erinnerung war sie fast immer schlecht gelaunt und wir mussten ihr fortwährend gehorchen. Gleichwohl sie verantwortungsbewusst für uns sorgte.

Ein mobiler Landbäcker brachte uns jeden Samstag drei Brezen, fünf Semmeln und ein Bauernbrot. Wenn wir unterwegs waren, wir waren oft unterwegs, hängte er diese in einer Plastiktüte an unsere Haustür. Es wurde, wie auf dem Land üblich, angeschrieben. Man vertraute einander.

Außerdem tuckerte regelmäßig ein Bauer auf einem Traktor, der Kartoffeln verkaufte, an unserem Haus vorbei. Ich hatte Angst vor der Landmaschine, weil sie so gigantisch und laut war. Den Dialekt des Bauern verstand ich nicht, denn er war mir zu ausgeprägt. Der Bauer schaute uns Kinder aber ganz freundlich an und zwinkerte uns zu.

Meine Mutter schickte mich oder meine ältere Schwester, kaum, dass wir zählen konnten, Wurst kaufen zum Metzger auf der gegenüberliegenden Straßenseite. Ich hatte reichlich Mühe mir alles richtig zu merken und aufzusagen.

„Also: 200 Gramm geschnittene Gelbwurst, 200 Gramm geschnittene Paprikawurst, 200 Gramm geschnittene Salamiwurst, 3 Kabanossi und 5 Wiener, hat die Mama gesagt“, arbeitete ich meinen Text ab, den ich auswendig gelernt hatte.

Die Verkäuferin war die Freundin des Bruders einer Klassenkameradin und sprach hochdeutsch. Sie half mir beim Geld hergeben, als ich ihr meinen Geldbeutel zeigte. Zuhause kontrollierte meine Mutter die Einkäufe nach, ob auch alles dabei war, und dann durfte ich wieder spielen gehen.

Trotz all ihrer mütterlichen Fürsorge war meine Mutter mit der Erziehung meines kleinen Bruders überfordert. So übernahmen ich und meine ältere Schwester teilweise die Verantwortung für ihn und mussten auf ihn aufpassen, damit er nichts anstellte. Ich hatte oft Angst, meine Mutter würde sterben und ich müsste alleine unseren Bruder großziehen. Oder wir kämen alle ins Heim, wohin sie uns ständig schicken wollte, wenn wir nicht artig waren. Das machte mir noch mehr Angst und ich verstand nicht warum.

Aber nicht nur meine Mutter war überfordert mit ihrem unverarbeitetem Trauma zu leben und gleichzeitig eigene Kinder großzuziehen, auch mein Vater. Einmal sperrten unsere Eltern uns einfach aus. Mein Vater schloss die Terrassentür und ließ demonstrativ den Rollladen herunter, woraufhin wir Kinder in unserer Hilflosigkeit in unser Auto, das immer unverschlossen in der Garage stand, flüchteten und nicht verstanden, was passiert war. Da war ich sehr traurig gewesen, weil ich dachte, unsere Eltern mochten uns nicht mehr haben und das fand ich doof. In ein Heim wollte ich nicht, ohne meine Geschwister.

Meinen Vater sahen wir selten. Er war dauernd auf der Arbeit, wenn er nicht im Keller war, um Möbel zu bauen, weil das billiger war. Aber heute denke ich: Er konnte da vielleicht am besten nachdenken, wenn er alleine war, in seiner Werkstatt.

Wir verfügten nicht über viel Geld. Ich hatte nie eigene Kleider, sondern trug die abgetragenen von anderen. Für mich war das normal.

„Eure Mama muss nicht arbeiten, das hat sie nicht nötig“, hörte ich fortwährend meinen Vater tirilieren.

Ich hörte aber auch, dass er sich irgendwie seiner drei Kinder schämte, weil das zu viele waren, weil das asozial war und doch so viel kosten würde, was mich wunderte. Ich dachte, wenn er keine Kinder hätte haben wollen, dann wären wir ja alle gar nicht auf der Welt.

Meine Mutter hatte also, seitdem sie verheiratet ist, im Gegensatz zu ihren Schwestern, nie mehr gearbeitet.

„Und was arbeitet deine Mutter", fragte mich in den siebziger Jahren meine Schulfreundin, mit der ich immer den gleichen Nachhauseweg hatte.

„Sie ist Mutter und Hausfrau", entgegnete ich triumphierend, denn ich dachte, das war was Besonderes, das meine Mutter nicht arbeiten musste.

Daraufhin erntete ich ein mitleidiges Lächeln, das ich nicht verstand, denn für mich war die Sachlage klar.

„Kinder-Krankheiten"

Seit zwanzig Jahren nahm sich meine Mutter inzwischen den „Schlaganfallbonus", denn mittlerweile war sie wahrhaftig krank. Die Herzkrankheit meines Vaters hatte sich dann dazugesellt.

„Da haben Sie aber ein verdammtes Glück gehabt, dass sie noch rechtzeitig gekommen sind", schnaubte der Oberarzt bei der Visite und studierte die Krankenakte.

Nach einer Herzinfarkt-Notfall-Operation in einem österreichischen Hospital war mein Vater dem Sensenmann nochmal von der Schippe gesprungen. Jetzt war er nicht mehr so belastbar, was er meistens ignorierte, denn er werkelte nach wie vor. Er schien das Risiko zu lieben.

„Wie das Risiko der mit Granaten spielenden Kindern. Böhmischer Sturkopf", grübelte ich lakonisch.

Inzwischen benützte er wenigstens seinen Spray, wenn es eng wurde, damit wieder genug Blut durch den letzten Stunt in sein Herz floss, der noch funktionierte, denn die anderen beiden, waren schon irreparabel dicht.

Heimatlos

Seit neun Jahren hat sich mein kleiner Bruder unserer „pflegebedürftigen“ Eltern angenommen. Er war wieder bei ihnen, die seit elf Jahren als Auslandsrentner in Österreich lebten, eingezogen. Die Heimatlosigkeit meiner Eltern, inzwischen im zweiten „fremden“ Land (nach Deutschland nun noch Österreich) „verbat“ es, sich von Nicht-Familien-Mitgliedern oder Fremden helfen zu lassen. Denn für was hatte man schließlich Kinder.

„Kinder, die mal „zu viel“ waren, waren jetzt nützlich und willkommen.“, schmunzelte ich nachsichtig in mich hinein.

Seit vielen Jahren musste ich mir diese Definition meines „Lebenszweckes“ anhören und wunderte mich.

„In Deutschland gäbe es zumindest eine Pflegeversicherung. Aber diese wäre ja ebenfalls von „Fremden“ “, seufzte ich oft, wenn ich mit meinem Bruder telefonierte.

Mein kleiner Bruder „opferte“ sein Leben, eher unfreiwillig oder vielleicht, weil er sich aus den „Klauen“ meiner Mutter nicht befreien konnte oder unter der Knute meines Vaters stand, oder weil es einfach bequemer war und er sich so um nichts kümmern musste und nur präsent sein musste oder wer weiß warum. Ich sagte nichts, denn andererseits war ich froh, dass er da war. Dennoch fühlte ich mich oft schuldig, so weit weg zu sein.

Deutsche in Österreich I

Mein Bruder lebte auch in Österreich, weil er nicht mehr in Deutschland leben mochte. Dort hatte er zumindest keine „Probleme“ mit unserem ererbten slawischen

Nachnamen. Denn unsere „Volksgruppe“ war dort aus historischen Gründen offenbar zuhauf vertreten, was man von „bestimmten“ Regionen in Deutschland nicht behaupten konnte. Wobei ich mich fragte, warum das so wichtig war. Aber so langsam wurde mir auch mulmig, wenn ich an Deutschland dachte und seinen Entwicklungen.

Die Sache mit dem Namen

In der Tat musste ich oft erklären und „beweisen“, dass ich einen deutschen Pass hatte und in Deutschland geboren war, obwohl ich keinen deutschen Nachnamen trug. Da fielen mir immer die kuriosesten Situationen ein, die ich und meine Geschwister, in der Hinsicht, was es bedeutete, keinen deutschen Nachnamen zu haben, erlebt hatten.

„Ach Sie können gar kein Polnisch?“, fragte mich einmal eine Mitarbeiterin an meinem ersten Arbeitstag.

Wohin ich ihr erstaunt entgegnete: „Nein, wieso?“

„Na wegen ihrem Nachnamen. Deswegen hatten sie Sie eigentlich eingestellt“, gab sie schnippisch zurück.

Ich war ziemlich baff, vor allem, weil ich wusste, dass sie italienische Vorfahren hatte und kein Wort Italienisch sprach; allerdings einen deutschen Nachnamen hatte.

Oder auch: „Na Sie haben ja einen schwierigen Namen, Sie sind wohl nicht von hier?“

„Von hier? Schon wieder dieses „von hier“. Wo soll das sein?“, überlegte ich dann angestrengt und kam nicht darauf.

Das war Anfang der neunziger Jahre. Dergleichen passierte mir und meinen Geschwistern ständig. Das war oft anstrengend und nervig. Und es passierte mir nach wie vor. Je internationaler Deutschland wurde, desto mehr. Es war schon seltsam. Ich konnte mich nicht erinnern, in meiner Kindheit je von einem „Migrationshintergrund" gehört zu haben, aber den schien ich jetzt „auch zu haben", obwohl ich Deutsche war.

Deutsche in Österreich II

Das Kuriose war, dass ich in Österreich inzwischen genauso verdächtig behandelt wurde:

„Wenn sie hier länger als drei Monate bleiben wollen, müssen Sie einen Antrag stellen", entgegnete mir die Gemeindebedienstete, als ich einen Nebenwohnsitz anmelden wollte.

Um mich länger als drei Monate bei meinen Eltern aufhalten zu dürfen, brauchte ich einen Aufenthaltstitel, musste mein verwandtschaftliches Verhältnis zu meinen eigenen Eltern und ausreichende Existenzmittel nachweisen.

„Womöglich noch mit DNA-Test", schüttelte ich fassungslos den Kopf, „das ist völlig absurd", brummelte ich vor mich hin, als ich das Gemeindehaus verließ und überlegte, ob ich mich jetzt staatenlos melden sollte.

Ich benötige tatsächlich eine Erlaubnis, um bei meinen eigenen Eltern in Österreich leben zu können. Ich habe dort ein Viertel meiner Kindheit verbracht, und jetzt brauche ich eine Genehmigung, um dort sein zu können. Unfassbar. Das war Europa. Absolute Freiheit. Oder besser: das ist Österreich, das den nichtdeutschnamigen Einwandererstrom eindämmen musste, aus welchem Hintergrund sie kommen, war dabei vollkommen egal; solange die EU-Vorschriften umgesetzt wurden.

Aber das Lustigste war, dass die schriftliche Aufforderung, die ich dreimal bekommen hatte, von jemand unterschrieben worden war, der einen noch unaussprechlicheren und noch undeutscheren Nachnamen hatte, als ich selbst. Da musste ich herzlich lachen. Ich antwortete darauf, dass ich sicher nie vorhaben werde, mich länger als drei Monate in diesem heiligen Österreich aufzuhalten und es mir ja nur ums Prinzip gegangen wäre. Man wusste ja nie. Ich hörte nie wieder etwas von Frau „Unaussprechlich“.

Slawische Schriftstellerfamilie

Mein Vater schrieb, seit einigen Jahren gegen das Vergessen des Unrechts an seiner Volksgruppe, seine Lebenserinnerungen, die eine sudetendeutsche Zeitschrift veröffentlicht hatte. Sie wurden inzwischen, ohne sein Wissen, und ohne seine Erlaubnis, wiederum von einer tschechischen Zeitschrift übersetzt und auf Tschechisch veröffentlicht.

Als ich den „tschechischen“ Artikel mit Google-Translater zurückübersetzte und ihn im Internet meinem Vater zeigte, meinte dieser etwas pikiert:

„Ich bin mir nicht sicher, ob die tschechische Übersetzung den Text nicht etwas geschönt hat, denn das hier in der deutschen Rückübersetzung, hatte ich etwas anders geschrieben.“

„Na klar, keiner ist ja schuld“, bemerkte ich zynisch, bemüht ihn zu verteidigen.

„Naja die, die das übersetzt haben, waren ja nicht dabei, und können es auch gar nicht besser wissen. Denn das heutige Tschechien will mit seiner unrühmlichen Vergangenheit ja nichts zu tun haben“, konterte daraufhin mein Vater, wobei er so tat, als wollte er gar keine Wiedergutmachung; aber das glaubte ich ihm nicht ganz.

Meine Schwester wurde Lyrikerin. Ihr lag es, wie Rainer Maria Rilke, vom gleichen Volksstamm, im Blut. Und ich schrieb, seit ich schreiben konnte. Schreiben war wie weiter atmen und dachte an die Schriftsteller Franz Kafka, Egon Erwin Kisch und die Schriftstellerin Lenka Reinerova, die wohl auch irgendetwas mit meinem Volksstamm zu tun hatten. Schreiben gegen die Ignoranz und Blindheit. Schreiben gegen die Unwissenheit. Schreiben, um das Denken anzustoßen. Schreiben gegen die Ungerechtigkeit. Schreiben gegen die Machtlosigkeit. Schreiben aus Verantwortung. Schreiben für die Menschen, die keine Stimme haben. Schreiben für die, die nicht gehört werden. Schreiben für die Menschlichkeit. Schreiben für die Menschenrechte. Schreiben für die Menschenwürde.

Mein Vater war stolz auf mein Schreiben, obwohl er meine Geschichten nicht verstand, was an und für sich merkwürdig war. Denn meine Themen beschäftigen sich hauptsächlich mit „Migration“. Davon wollte er nichts wissen.

Ausländer im Ausland oder Heimat ist überall

Trotzdem lebte er als Ausländer, „Migrant“, im Ausland, obwohl beides seine „Heimat“ war. Nach elf Jahren wollte er jetzt wieder zurück nach Deutschland, denn langsam fühlte er sich wirklich als Ausländer. Aber er hätte sich wahrscheinlich an jedem Ort der Erde als Ausländer gefühlt, da es seine eigentliche wirkliche Heimat geografisch gesehen nicht mehr gab.

Meine Mutter hatte keine Vorstellung, von dem, was ich tat. Dazu hatte sie zu viel ab bekommen, um das geistig zu erfassen. Sie tat mir oft leid, auch wenn ich an ihre von einer Granate ins Jenseits beförderte Schwester, meine Tante, dachte. Manchmal hatte sie jedoch Lichtblicke in ihrem täglichen „Überlebenskampf“. Dann freute sie sich über die blühenden Blumen und Pflanzen, die sie mit großer Begeisterung säte und sorgsam hütete und hegte.

„Das sind meine Kinder“, sagte sie dann verträumt.

Das war ihre Art, noch am Leben teilzuhaben, indem sie neues Leben „schaffte“. Für sie war es egal, wo sie lebte, die Hauptsache sie hatte ihre Blumen, dann war sie zuhause.

Das letzte Mal, als ich bei ihr war, hatte sie mir einen kleinen Zettel geschrieben, worauf in altdeutscher krakeliger Schrift, so dass ich es kaum entziffern konnte, stand:

“Alless Gute für Zukunft Gotes Segen“.

Ich habe noch heute Tränen in den Augen, wenn ich daran denke.

Kurzgeschichte
Drama
Taube Finger fühlen im Kopf
LuziePan
©Luzie Pan

Taube Finger fühlen im Kopf

Drama-Kurzgeschichte

Widmung

Für alle unheilbar Erkrankte, die den Mut nicht verlieren und für Heiko (gestorben Juli 2006), der es nicht geschafft und den Freitod gewählt hatte und allen Opfern der Pharmazie, gestorben an Nebenwirkungen bei dem Einsatz von Medikamenten bei unheilbaren Krankheiten; insbesondere für alle verstorbenen MS-Erkrankte aufgrund von Nebenwirkungen und Komplikationen durch die erfolgversprechende medikamentöse Therapien mit: Tysabri, Tecfidera und Gilenya der letzten Jahre weltweit.

Gesundheit ist nicht die Abwesenheit von Krankheit. Gesundheit ist eine Lebenseinstellung. Man kann sich gesund fühlen, obwohl man krank ist. Aber dann verdienen die Pharmakonzerne ja nichts. (Luzie Pan)

Vorwort

Kommentar einer Kinderkrankenschwester:

„Durch eine chronische Erkrankung zeigt sich der Lebenswillen doppelt so stark; die Enttäuschung häufig doppelt so schmerzhaft. Der Sinn des Daseins darf nicht nur auf den Kampf mit der Krankheit und deren Auswirkungen reduziert werden; je jünger ein Mensch ist, desto leichter scheint ihm das zu fallen.

Interessant ist es, zu sehen, wie Menschen mit chronischen oder nicht heilbaren Erkrankungen umgehen und wie die anderen darauf reagieren, zwischen Unterstützung und Verleugnung. Anika erlebt beides: sie erkrankt, aber weiß vorher auch von diesem verschollenen Freund. Was sagen eigentlich selbst Betroffene dazu? Fühlen sie sich erkannt, mit ihren Leiden und Freuden?"

Kommentar einer Designerin und einer Autorin:

„In dieser Geschichte wird auf interessante Weise der Lebensabschnitt einer jungen Frau erzählt. Das Thema Krankheit wird von der Protagonistin immer wieder reflektiert. Sei es in ihrem eigenen Leben oder in der Episode eines alten Freundes, die parallel läuft. Der Leser wird aufgrund der chronologischen Erzählweise angeregt, sich ein Bild über die persönliche Entwicklung der Frau zu machen. Trotz der Kürze werden spannende Momente aufgezeigt. Die Orte sind bunt gewählt und nehmen Einfluss auf die Handlung. Einige Fragen bleiben offen, die den Leser möglicherweise über die Lektüre hinaus beschäftigen werden."

„Ich finde, es liest sich flüssig und du beschreibst sehr anschaulich (Rollstuhlszenen)."

Kommentar von Caroline R. (Autorin):

„Ein Buch über die Geschichte einer jungen Frau, parallel dazu die Geschichte ihres alten Freundes. Die Protagonistin lässt uns an ihrer Gefühlswelt teilhaben, erzählt nicht nur über ihr Gefühlschaos das immer wieder in mutige Schritte endet, aufgeschlossen und mit viel Energie bietet sie der MS die Stirn.... das Ende bleibt offen, was nicht wichtig ist.... denn die Geschichte erzählt Jahre vor und nach der Diagnose, spiegelt ein mutiges spannendes Leben, reißt einem mit und man möchte diese Frau gerne kennen lernen! Ein Gesicht unter 1000 Gesichter der MS - aber ein bedeutendes! Auch die Einleitung zum Buch war sehr ansprechend, wunderbare Worte an die Leserschaft und ihre Freunde. Hat mir sehr gut gefallen. Schrift, Layout und Text sehr gut!"

Anonymer Kommentar:

„Männer- und Krankheitsgeschichten miteinander verknüpft, wie im echten Leben. Eine Handlung die viele Denkanstöße bietet."

Kommentar von Arno von Rosen (Thriller-Autor):

„Die Erzählung trifft genau den Nerv im Kopf, und gewährt einen realistischen und tiefen Blick in die Gefühlswelt von chronisch kranken Menschen, die, um der hohen Kosten willen, Zusehens entmenschlicht werden. Brillanter Lesestoff."

Zitat

„Da trat eine Frau,

die schon zwölf Jahre an Blutungen litt,

von hinten an ihn heran und

berührte den Saum seines Gewandes;

denn sie sagte sich:

Wenn ich nur sein Gewand berühre,

werde ich geheilt.

Jesus wandte sich um,

und als er sie sah, sagte er:

„Habe keine Angst, meine Tochter,

dein Glaube hat dir geholfen.

Und von dieser Stunde an

war die Frau geheilt.“

(Mt 9, 20-22 (NT))

Taube Finger fühlen im Kopf

Berlin. Oktober 2006.

Den Rollstuhl zusammengeklappt, schepperte Anika damit mühevoll die letzten Stufen bis zu ihrer Wohnung hinauf. Plötzlich ergriffen zwei Hände den Rahmen des Rollstuhls und trugen ihn in den ersten Stock. Es war Jürgen, ihr Freund. Oben angekommen grüßte sie im Vorbeigehen ihre türkische Nachbarin Alev, die soeben aus ihrer Türe schritt. Dann taumelte Anika durch die Türe in ihre Wohnung. Dort wedelte ihr Jürgen mit einem Brief entgegen und raunte: „Reha-Bewilligung!"

Darauf antwortete ihm Anika schmunzelnd: „Schon? ... Ach! Wie lustig, gerade entlassen!", und ließ sich auf dem Rollstuhl nieder, den ihr Jürgen entgegen schob.

Leipzig. März 1997.

Der Orthopäde im Uni-Krankenhaus laberte, angesichts des vor ihm hängenden Röntgenbildes, mit seinem Kollegen über gegenseitige Meniskusoperationen. Die offensichtlich wichtiger waren, als der vermeintliche Knochentumor der vor ihnen sitzenden Patientin.

„Das ist eine Bombe, die irgendwann hochgeht! Damit werden Sie keine vierzig Jahre alt!“, war alles was ihm, unter eifriger Zustimmung seiner Studenten um ihn herum, einfiel.

Reichlich schockiert begriff Anika, dass sie hier im Grunde genommen als „Vorführobjekt“ diente und nicht als Patientin galt. Ein paar Jahre später war diese angebliche „Bombe“ plötzlich verschwunden. Die Natur hatte doch nicht Recht gehabt.

Leipzig. Juli 2003.

Für Anika stand das letzte Examen, und damit die Zulassung zum Diplom, vor der Tür. Während sie kurz vor Mitternacht nochmals ihre Prüfungsaufgaben durchsah, erschien auf einmal Tino, ein guter Freund, schwer chronisch krank, auf dem Bildschirm ihres PCs.

„Du, ich mache Schluss!“, las sie da.

„Wie Schluss?“, Anika verstand nicht.

„Na mit dem Leben!“

„Spinnst du! Ich dachte, es geht dir besser!“

Anika war das vertraut, das lief schon ewig so. Eben verkündete ihr Tino noch fröhlich auf ihrer Couch, dass jetzt alles gut werde und jetzt das! Immer das Gleiche. Wie ging ihr das auf die Nerven.

„War doch nur Spaß“, stand da nach einiger Zeit.

Anika seufzte und schob entrüstet hinterher:

„Damit macht man keine Späße!“

Keine Antwort. Dann eben nicht. Sie klickte ihn weg. Mit komischem Gefühl schlurfte sie ins Bett. Am nächsten Tag war er nicht im Chat. Nie wieder.

Berlin. Juli 2005.

Inzwischen arbeitete Anika in einem Museum und wohnte mit Jürgen, der bei einem Bauunternehmen malochte, zusammen. Sie führten ein normales Leben. Nur Tino rumorte immer noch in ihr. Sie hatte der Leipziger Polizei damals von seinem Verschwinden und seiner Selbstmorddrohung, die er danach wieder ins Lächerliche gezogen hatte, erzählt. Außerdem, dass er eine „Todesspritze" besaß, von der sie hoffte, er würde sie nie benutzen. Die Polizei interessierte Letzteres in höchstem Maße. Deshalb ließen sie ihn suchen. Sie witterten einen Verstoß gegen das Betäubungsmittelgesetz! Der mögliche Selbstmord juckte sie weniger. Aber alle Suchaktionen waren bisher erfolglos geblieben.

Eines Tages merkte Anika, dass sie auf dem linken Auge alles halb und bald überhaupt nichts mehr sah. Das beunruhigte sie und sie eilte zum Augenarzt. Der diagnostizierte eine Sehnerventzündung und verwies sie zum Neurologen.

Ihr verständnisloser Freund belächelte sie und nahm ihre „Halberblindung" gar nicht ernst. Nach einer fünftägigen Kortison-Therapie dauerte es eine gewisse Weile, bis sich wieder Klarsicht einstellte. Aber das war noch nicht alles; weitere Symptome traten auf. Ihr linker Arm, inklusive Hand und Finger, wurde von Tag zu Tag immer tauber. Die Diagnose war: Multiple Sklerose. Was Anika völlig aus der Bahn warf, zweifelte Jürgen nur an.

Schwarzwald. Oktober 2006.

Die polnische Oberärztin in der Reha-Klinik im Schwarzwald verstand im wahrsten Sinne des Wortes kein Wort und baute sich ihren eigenen Befund zusammen. Demnach lief die Therapie auch ab, worüber sich Anika nur aufregte. Nebenbei hatte sich rechts eine schmerzhafte Halbseitenlähmung ersten Grades dazugesellt, die sie schlussendlich in den Rollstuhl beförderte. Das Fortbewegen im Rolli war eine Katastrophe. Vielmehr das vorhergehende Rollstuhltraining. Sie war nur in der Lage die beiden Hände auf „gut Glück" zu benutzen, denn sie hatte keinerlei Gefühl darin. Aber sie schwor sich alles zu unternehmen, um sobald wie möglich aus diesem Rollstuhl heraus zukommen, auch wenn sie dabei höllische Schmerzen litt. Die Hauptsache unabhängig.

Bald darauf ließ sich Anika aus der Reha-Klinik vorzeitig entlassen. Sie hatte die Nase gestrichen voll. Der Neurologe, der sie sodann betreute, hatte mit der Pharmaindustrie „Verträge", wie Anika vermutete, und setzte sie mit Rebif-Interferon-Spritzen unter Druck. Denn das war angeblich das Mittel der Wahl, aber mit einer Menge Nebenwirkungen gratis. Nach monatelangem Kampf gab Anika schließlich nach. Die Spritzen verschlechterten ihre Lebensqualität jedoch beachtlich. Sie dachte nach. War es bei Tinos Erkrankung nicht gleichermaßen geschehen? Als er nach endlosem Warten den „Hardcore-Chronisch-Krank-Zustand" erreicht hatte und ihm die Krankenkasse ENDLICH die Medikamente bezahlte, halfen die einen Dreck. Es wurde nur noch schlimmer.

Anika seufzte. Wo war er nur? Sie hatte nie wieder etwas von ihm gehört. Sozialarbeiter, an die sie sich gewandt hatte, erzählten ihr, dass er sich sicherlich ins Ausland abgesetzt hatte. Als wäre das so einfach gegangen. Diese Idioten. Was wussten die von seiner Krankheit.

Da sie keinen Bock auf das Gerede im Viertel hatte, traute sie sich, mit dem Rollstuhl oder dem Stock, den sie hilfsweise benutzte, kaum mehr aus dem Haus. Vor lauter Müdigkeit; wegen den Nebenwirkungen, lag sie ohnedies fast nur flach.

Berlin. November 2007.

Irgendwann hatte sie genug von den Spritzen und setzte sie eigenmächtig ab. Mit intensiver Krankengymnastik, Qi Gong-Kursen und konsequenter Ernährungsumstellung ging es ihr langsam immer besser; sie konnte wieder normal Laufen und ihre Hände gebrauchen.

Nun durfte sie endlich schwanger werden, denn keine Injektionen schadeten mehr einem ungeborenen Kind. Vielleicht konnte sie damit ihre angespannte Beziehung retten.

Berlin. Dezember. 2008.

Eines Tages kam ein Anruf von der Leipziger Polizei, die sie auf abenteuerliche Weise über das Internet ausfindig gemacht hatte. Bauarbeiter hatten die vertrocknete, vollkommen verweste Leiche von Tino in einer Bauruine, wo sie fünf Jahre unentdeckt gelegen hatte, gefunden. Ein Fremdverschulden war nicht auszuschließen. Wieso Fremdverschulden? Anika stockte der Atem. Wer hatte ihn töten wollen? Oder hatte er sich wirklich umgebracht?

Eine Spritze war nicht gefunden worden. Ihr schwirrte der Kopf. Aber auch aufgrund anderer Probleme.

Trotz des Absetzens der Spritzen trat keine Schwangerschaft ein und die Krise spitzte sich immer mehr zu. Ihr Freund gab ihr die Schuld; sie wolle gar kein Kind von ihm. Anika war fassungslos. Was für ein Idiot! Er hatte echt keine Ahnung, unter welchen psychischen Druck er sie setzte; kein Wunder, dass sie kein Kind behielt. Denn was Jürgen nicht wusste war, dass sie zwei Fehlgeburten erlitten hatte, wie sie von ihrer Frauenärztin im Nachhinein erfuhr. Bei der Eierstock-Operation vor ein paar Jahren und den ständigen Gebärmutterhalskrebstests, da war das kein Wunder. Aber sie sagte nichts. Tino hätte nur Bahnhof verstanden, bei so einem Frauenkram. War sie denn eine Gebärmaschine? War das alles ihre Schuld? Gleichzeitig fühlte sie sich auf irgendeine Weise „schuldig“ am Tod von Tino. Oder wurde er wirklich getötet? Und von wem? Unausweichlich folgte die Trennung von Jürgen. Es hatte keinen Sinn mehr.

In ihrer Verzweiflung wandte sie sich an ihre hilfsbereite Nachbarin Alev, bei der sie endlich einmal durchschnaufen konnte; ohne Grübelei. Sie fühlte sich frei, lernte Börek und türkischen Tee zubereiten und entspannte sich endlich wieder.

Berlin. Juli 2009.

Die Polizei hatte mittlerweile einen Dealer dingfest gemacht. Dieser hatte Tino vermutlich den „goldenen Schuss“ verkauft. Da Tino nicht gezahlt hatte, hatte er diesen von ihm zurückgefordert. Wie dieser zu Tode kam, wusste er nicht. Man führte ihn ab und er saß ab sofort in

U-Haft. Nachdem man keine Beweise gegen ihn in der Hand hatte, wurde er bald wieder freigelassen.

Berlin. September 2009.

„Komm doch mit nach Istanbul!“, trällerte eines Tages Alev, als sie mit Anika das Frühstück zubereitete.

Anikas Herz schlug schon lange für diese so andere Kultur, die sie zudem von ihren Problemen ablenkte.

„Ok, ich komme mit!“, wisperte Anika spontan und nippte an ihrem türkischen Teegläschen in ihren Händen, während sie sich damit an den Küchentisch setzte.

Istanbul. Oktober 2009.

In Istanbul angekommen, vermittelte ihr Alev unerwartet einen Job, den sie gleich annahm. Sie wollte alles hinter sich lassen und fühlte sich gesund und frei. Nach allem, was sie hinter sich hatte, zog wieder Frühling bei ihr ein! Kurz darauf sah sie durch das Fenster, wie Jürgen vor ihrem Haus stand. Er hatte sie gefunden!

„Anika, verzeih mir, ich bin an allem schuld. Ich bin gar nicht zeugungsfähig! Komm zurück zu mir!“, flehte er sie an.

Anika schaute ihn eindringlich an und schüttelte langsam den Kopf, nachdem sie die Wohnungstür einen kleinen Spalt geöffnet hatte.

„Nein, hier ist mein Zuhause, hier bin ich glücklich“, erwiderte sie und schloss sanft die Tür.

Nach einiger Zeit lernte sie Erkan kennen und lieben. Eine aufregende Zeit nahm ihren Lauf, in diesem fremden Land, weit weg von zuhause.

Istanbul. September 2010.

Doch allmählich schlug ihre anfängliche Begeisterung unwillentlich ins Gegenteil um.

Berlin. März 2011.

Sie hatte eine Weile gebraucht, um sich innerlich von dieser besitzergreifenden Beziehung zu lösen, die ihre Selbstbestimmung fast ausgelöscht hatte und sie auch noch ihren neuen Job verlor. Als sie am Verzweifeln war und jeden Lebensmut eingebüßt hatte, erschien ein schon totgeglaubter Hoffnungsstrahl. Mit Hilfe von Jürgen, der immer noch auf sie wartete, schaffte sie eine waghalsige Flucht nach Deutschland.

Wieder zuhause war ihr alles angenehm vertraut, was sie vorher verlassen hatte. Sie resümierte, dass sie durch alle diese tiefgreifenden Erfahrungen in den letzten Jahren viel gelernt hatte. Ihr schien es, als wenn chronische unheilbare Krankheiten besiegbar waren, wenn man sich für das Leben entschied; dass sie, trotz aller kultureller Offenheit und Toleranz, Grenzen haben durfte; und dass sie ihre eigene Identität nicht verleugnen musste. Aber das Wichtigste war, dass es ihr jetzt möglich war, zu verzeihen und einen Neuanfang zu wagen, da sie mittlerweile alles in einem anderen Licht sah.

Anika erzählte Jürgen von Tinos Tod und sie fuhren gemeinsam zu seinem Grab. Für einen Augenblick war sie mit sich und der Welt versöhnt. Ihre Schuldgefühle fielen von ihr ab, die sie insgeheim die ganze Zeit in Istanbul mit sich herumgetragen hatte.

Das hielt trotz alledem nicht lange an und neue Wolken kamen auf.

Berlin. Juli 2012.

Der nächste große MS-Schub kam im Sommer. Das Gefühl im ganzen linken Arm inklusive der Hand hatte sich verabschiedet: Alles taub. Sie ignorierte es eisern. Hatte sie sich doch in den letzten Jahren als geheilt betrachtet; was sollte jetzt dieser Schub? Eine unheilvolle Ahnung stieg in ihr hoch: Die MS schlief nicht, auch wenn sie nicht aktiv war.

Berlin. Mai 2013.

Im Mai schoss ihr der nächste Schub das Gefühl in den Beinen und Füßen weg und sie konnte sich nur noch wie auf Erbsen fortbewegen. Beim Abrollen der Füße beim Gehen fühlte sie den Boden nicht; die Bewegung lief nur über den Kopf, als hätte sie Holzbeine. Aber glücklicherweise hatte sie keine Schmerzen, wie vor acht Jahren und war in der Lage zu laufen. Beharrlich ignorierte sie das Gefühl, wie in Watte gehüllt herum zu wandeln, und stapfte zu einem Kongress, um auf andere Gedanken zu kommen. Man sah ihr ja nichts an außer, wenn sie stolperte. Dann überspielte sie das geschickt mit einem Lächeln ob ihrer kleinen Ungeschicklichkeit. Anika genoss es, unter Leuten zu sein und Menschen kennenzulernen, die sie von ihren Schwierigkeiten ablenkten. Darunter war Johannes, frisch geschieden. Er faszinierte sie und sie hatte sich fast in ihn verliebt. Nach der Tagung verlor sie ihn leider aus den Augen und alles war wieder wie vorher.

Nachdem sie sich seit Monaten wie in einem Raumschiffsanzug fortbewegt hatte, entschied sie sich zwangsläufig für eine zweite Cortison-Infusions-Stoß-Therapie. Sie wollte endlich wieder normal laufen können. Zum Glück schlug diese nach fünf Tagen rasch an und nach einem Monat konnte sie sich fast wieder normal fortbewegen. Sie hatte im wahrsten Sinne des Wortes wieder echten Boden unter den Füßen, den ihr der Schub förmlich weggezogen hatte.

Immer noch schockiert von dieser Tatsache und aufgrund des Drängens ihrer Ärztin gab sie sich schließlich geschlagen. Sie fing wieder an, sich Interferon zu spritzen. Dieses Mal Betaferon, das am besten erforschte und älteste Medikament, das es gab, und zwar alle zwei Tage. Erstaunlicherweise vertrug sie es bestens, ohne jegliche Nebenwirkungen.

Da ihr letzter Schub sie dermaßen aus der Bahn geworfen hatte, war eine endgültige Trennung von ihrem Freund unausweichlich. Denn, ihr Freund wollte immer noch Kinder und eine weitere Untersuchung hatte ergeben, dass er doch Kinder zeugen konnte. Aber Anika hatte weiß Gott andere Probleme. Sie hatte sich für das Leben entschieden, wollte nicht mehr damit spielen, ständig der Gefahr ausgesetzt, einen neuen Schub zu bekommen, wenn sie keine Medikamente nahm, unter denen sie nicht schwanger werden durfte, auch wenn diese nur zu 30 Prozent einen Schub verhindern konnten. Er musste sich eine andere Frau zum Kinderzeugen und Familie-Gründen suchen, sie stand nicht mehr zur Verfügung. Sie wollte leben, so normal wie es möglich war.

Berlin. August 2014.

Nach einer zweiten Reha fühlte sie sich wieder prächtig. Es war ein voller Erfolg. Kurz bevor die anschließende ambulante Reha startete, bekam sie trotz Betaferon, nach nur zwei Monaten urplötzlich einen weiteren Schub: wieder taube Finger und das Gefühl wie in einem Zwangskorsett zu stecken, das sie bis zur Brust zuschnürte. Als würden ihr Kopf und ihre Beine getrennt vom Rest existieren. Dieses Mal ging sie sofort zum Arzt, denn es reichte ihr. Sie verstand die Welt nicht mehr und ihre MS schon gar nicht.

Nach einer dritten wieder fünf-tägigen einstündigen Cortison-Infusions-Stoß-Therapie, die diesmal kaum einen Effekt hatte, stand ihr eine Umstellung auf eine Eskalationstherapie mit Tysabri, einer monatlichen Infusion unter strengster Betreuung bevor. Diese Infusion galt als sehr wirksam, senkte zu 50 Prozent das Schubrisiko, setzte lediglich das Immunsystem herab und konnte nur verabreicht werden, wenn man einen bestimmten Virus nicht hatte. Denn dieser konnte eine tödliche Gehirnentzündung auslösen. Aber was war das schon, für ein paar Jahre länger leben ohne Schub. Schübe, die sich womöglich nicht mehr zurückbildeten, wie das bisher glücklicherweise immer der Fall gewesen war. Und Schübe, die jedes Mal neues vernarbtes Gehirngewebe erzeugten, oder Vernarbtes wieder vernarbten, bis irgendwann das gesunde Gehirnvolumen immer kleiner wurde. Eine andere Alternative waren die täglichen Gilenya-Kapseln, bei der alleinig das Risiko von Hautkrebs und anderen schönen Sachen im Angebot waren. Wirklich keine rosigen Aussichten.

Anika dachte mit Schauern daran, was für ein Lebensrisiko ihr bevorstehen würde, falls sie sich tatsächlich für Tysabri oder Gilenya entscheiden sollte. Tysabri war bereits einmal vom Markt genommen worden, als die ersten Patienten starben, und nur unter strengsten Auflagen wieder zugelassen worden. Hatte ihre Neurologin nicht gesagt, dass sie das reichlich abwägen sollte, welches Risiko sie eingehen wollte, denn es waren das keine Lutschbonbons. Anika war verzweifelt. Was sollte sie tun? Sie dachte an Tino, der das Leiden durch seine chronische Krankheit offensichtlich pragmatisch, wenn auch makaber, beendet hatte. Diesem Weg wollte sie auf gar keinen Fall folgen. Sie war doch eine Ross-Natur, das wäre doch gelacht.

Der Schub dauerte diesmal ewig, bis er wegging. Aber sie musste arbeiten, denn das Krankengeld für diese Diagnose war bereits ausgelaufen, dazu brauchte sie ihre Finger. Da half es nur, die Bewegung der Finger über den Kopf zu steuern, wenn sie die Tastatur bediente. Einen Arbeitsausfall konnte sie sich nicht leisten, denn sie hatte Angst um ihren Job, sonst wäre sie bei Hartz 4 gelandet. Aber was war das schon bei diesen lebensrisikoreichen Aussichten.

Sie harrte aus und versuchte ihre Einschränkungen, so weit wie möglich, zu ignorieren. Was blieb ihr anderes übrig? Ignorieren, dass ihr alles aus der Hand fiel, wenn sie es nicht fest genug anfasste. Dann das Glückspiel, die richtigen Tasten auf der Tastatur zu treffen, damit sie nicht alles zweimal schreiben musste, oder beim Bezahlen an der Kasse das Kleingeld richtig zu greifen. Dabei reichte sie oft entschuldigend ihren Geldbeutel der Verkäuferin, damit sie sich das passende Geld heraus klaubte, und hielt damit regelmäßig den ganzen Laden auf. Sie zog kurzer Hand keine Blusen und Hemden mehr an, weil sie die Knöpfe nicht mehr zubrachte. Inzwischen war sie Profi im Ignorieren und im Sich-Freuen, wenn ihr einmal kein Missgeschick widerfuhr.

Berlin. Januar 2015.

Nachdem nach Monaten der Schub endlich verschwunden, sie ihre tauben Finger nicht mehr im Kopf fühlen musste und ihr gesamtes Körpergefühl wieder zurückgekehrt war, hatte sie sich entschieden. Kein Tysabri.

Sie marschierte zur Neurologin, holte sich ein neues Rezept für Betaferon und machte dabei eine abenteuerliche Erfahrung. Die Arzneiverordnung, die sie in der Apotheke abgab, wollte man ihr gegen eine billige Generika-Version einlösen, welche die Neurologin darauf verordnet hatte, was Anika nicht interpretieren konnte. Somit sparten die Ärztin und die Krankenkasse 400 Euro; statt 1800 Euro nur 1400 Euro für die Kasse, die Doktorin schonte ihr Budget, und die Sache war erledigt. Anika war entsetzt, als ihr das der Apotheker vorrechnete. Sie fühlte sich mit einer Aldi-Ersatz-Droge abgespeist, weil sie eine so teure MS-Patientin war. Wenn sie schon gezwungen war, sich dieses Zeug jeden zweiten Tag rein zu jagen, was sie jedes Mal zum Jaulen brachte, manchmal kam sie sich vor wie ein Junkie, mit blauen Flecken überall, dann bitteschön mit der Original-Version. Aber sie kam hinter das Rabatt-System und über den Umweg einer 3-Monats-Packung, anstatt der 1-Monats-Packung, erlangte sie endlich die Original-Version. So hatte sie dem billigen Pharmaunternehmen, der Krankenkasse und der Ärztin nochmal ein Schnippchen geschlagen.

„Wie gut, dass ich die richtige Krankenkasse habe, die Rabatte mit den Pharmafirmen hat“, schüttelte Anika den Kopf, während sie an ihrem türkischen Tee nippte, und blickte Alev ernst an.

„Ja, es ist ein Wahnsinn, der auf dem Rücken der Patienten ausgetragen wird, wenn man das vorher immer wüsste“, pflichtete ihr Alev bei, als sie Anika Tee nachgoss.

„Aber andererseits bin ich froh, dass ich in Deutschland lebe. Woanders werden diese Medikamente von den Krankenkassen gar nicht bezahlt!“, sinnierte Anika weiter und rührte noch Honig in den Tee.

„Es gibt allerdings auch Länder, wo diese Medikamente sogar billiger sind, hab ich gelesen“, entgegnete ihr Alev, goss sich selbst Tee ein und schlenderte zum Herd, um die Teekanne wieder auf die Gasflamme zu setzen.

„Die Preise legt wohl die Börse oder der Dax fest“, prustete Anika amüsiert.

Nach einer Weile setzte sie sich aufrecht und ihr Blick verfinsterte sich.

„Weißt du was ich noch erfahren habe?“, fuhr sie fort.

„Neiein, aber du wirst es mir sicher gleich verraten“, scherzte Alev, die am Spülbecken mit dem Rücken zu ihr stand und erschrak, als sie sich wieder Anika zuwandte und in ihr betrübtes Gesicht sah.

„Nach neuesten Erkenntnissen kann Betaferon auch gespritzt werden, wenn man schwanger werden will … Stell dir das mal vor! Wenn ich das gewusst hätte, in allen diesen Jahren, wäre mein Leben ganz, ganz anders verlaufen und ich hätte womöglich weniger Schübe gehabt, weil ich dann früher angefangen hätte zu spritzen und, und

…", schnaufte sie, wobei ihr langsam eine Träne über die Wange kullerte.

Alev trat zu Anika, ging vor ihr in die Knie und legte beide Arme um ihre Schultern.

„Ach komm, das war alles richtig, so wie du es gemacht hast. Du musst auf deinen Körper und deine innere Stimme hören. Lass dich nicht verwirren von irgendwelchen Untersuchungen", flüsterte sie Anika ins Ohr, als sie sie kurz an sich zog.

„Ich steig da langsam nicht mehr durch, die verarschen einen alle nur", keuchte Anika und schnäuzte sich in das Taschentuch, das ihr Alev gereicht hatte.

„Komm, ich begleite dich noch, ich glaub du musst los", wisperte Alev und strich ihr sanft über den Kopf.

An der Bushaltestelle angekommen, traute Anika ihren verweinten Augen nicht. Vor ihr stand plötzlich Johannes. Ihr Herz fing an, wie wild zu schlagen, während er sie freundlich anlächelte und ihr charmant die Hand reichte. Sie fühlte sich, als hätte sie ein Stromschlag getroffen, als sie zitternd seine warme Hand ergriff. Sie konnte es nicht glauben. Johannes. Er war noch attraktiver, als sie ihn in Erinnerung hatte. Es war unfassbar. Verunsichert schaute sie zu Alev, die auf sie zutrat und ihr ermutigend zulächelte. Dann kam der Bus und Anika und Johannes stiegen gemeinsam ein. Als sie sich gegenübersaßen, wagte Anika ein zaghaftes Lächeln. Dann sah sie aus dem Fenster. Dort stand immer noch Alev, winkte ihr von draußen zu und zeigte mit dem Daumen nach oben. Sie hob die Hand und ein Lächeln umspielte ihren Mund. Dann glitten ihre Augen zu Johannes und der Bus losfuhr.

Kurzgeschichten
Drama
Alles für die Ehre
Reise nach Istanbul
Luzie Pan
©Luzie Pan

Alles für die Ehre

Drama-Kurzgeschichte

Widmung

Für Hatun Aynur Sürücü (1982 - 07.02.05), von ihrem eigenen Bruder in Berlin-Neukölln erstochen, und allen Ehrenmordopfern.

Vorwort

Kommentar von Arno von Rosen (Thriller-Autor):

„Luzie Pan ist eine Autorin, wie es heute viele gibt, dachte ich. Irrtum! Der Grund warum man von den Beschreibungen immer wieder zurück schreckt ist, dass Luzie Pan viele dieser Geschehnisse selber erlebt und deshalb so messerscharf beschrieben hat. So sind die Figuren aus dem realen Leben auf die Seiten der Autorin gewandert, ungeschönt und schnörkellos, aber mit der Art von Faszination, die auch Menschen zum Verhängnis wird, wenn sie etwas Grausames, wie zum Beispiel einen Unfall, sehen. Der Anstand gebietet es, sich abzuwenden, aber der Zwang ist größer, es sehen zu wollen. So ist es auch mit den Geschichten von Luzie Pan. Sie sind oft von erschreckender Schönheit, und das bedeutet eine wohltuende Abwechslung im Einerlei der vielen Autoren und Autorinnen, die heute unser Internet und unsere Buchläden bevölkern."

Bewertung meines Lektoren:

„Literarisiert haben Sie hier eine durch und durch tragische Geschichte rund um den Ehrenmord in moslemischen Gemeinden und Familien. Spannender Stoff! Beschreibungen erzeugen lediglich Bilder, die nach Möglichkeit emotional anzureichern sind. Dies ist Ihnen durch die Überlagerung detaillierter Informationen und anschaulicher Beschreibungen des vornehmlich seitens männlicher Muslime aufrechterhaltenen Ehrenkodex mit der entsprechend hohen emotionalen Aufladung des Textes sehr gelungen."

Kommentar von Daniel Mattes (Thriller-Autor):

„Luzie Pan ist eine außergewöhnliche Autorin die sich immer wieder auch an schwierige Themen heranwagt. Schnörkellos und treffend zeichnet sie ihre Figuren und erzählt ihre Geschichten die uns immer wieder zum Denken anregen.

„Alles für die Ehre, Reise nach Istanbul" ist von einer aktuellen Thematik, die dem Leser sehr nahe geht. Ist es das reale Leben, Fiktion oder eine Mischung aus beidem? Die Autorin fesselt und fordert uns mit ihrer Geschichte und das ist doch genau was wir wollen. Zusammenfassend: Ein ganz tolles Buch."

Kommentar einer Autorin:

„Ich finde, es liest sich flüssig und du beschreibst sehr anschaulich (Gesichtskratzer - Pflaster ...)."

Zitat

„Selig, die keine Gewalt anwenden,

denn sie werden das Land erben."

(Mt 5,5 (NT))

Alles für die Ehre

Eines Tages fuhr ich mit dem Bus nach Wedding und der Busfahrer hatte einen Moslembart. In der zweiten Reihe saßen Frauen mit schwarzem Schleier von oben bis unten, nur das Gesicht lugte hervor. Eine Person weiblichen Geschlechts hatte auf beiden Wangen kleine Pflasterstreifen. Als ich sie sah, erschrak ich. Ich musste unmittelbar daran denken, dass die Pflaster auf den Bäckchen sicherlich nicht der Verschönerung ihres Antlitzes dienten und da nicht zufällig gelandet waren.

Ich stieg aus. Hansaplatz. In der Bibliothek setzte ich mich an einen Tisch. Büchereien galten als Zufluchtsorte für Kopftuchmädchen. Aufenthaltsräume der Freiheit, des Schutzes vor den Übergriffen von Brüdern und Vätern. Das wusste ich und kam ins Gespräch mit Halil, die mir ihre Geschichte erzählte.

Mein Vater Turgut war ein korrekter Busfahrer, der nie zu spät kam. Seitdem er aus Anatolien nach Berlin gekommen war, hatte er den Bus gelassen und unfallfrei durch Wedding manövriert. Er wurde von allen Kollegen geachtet. Aber er hatte verschiedene Gesichter: eines für den Broterwerb und eines für zu Hause. Dort ließ er den Patriarchen raushängen. Im Bus hingegen war er freundlich. Er „kontrollierte“ nebenbei den weiblichen Teil seiner „Umma“ (moslemische Gemeinde), inklusive mich, die er täglich beförderte, ob des Vorhandenseins eines gesitteten Kopftuches. Denn diese modernen Tücher gingen gar nicht, das musste er melden.

Das Leben in zwei Welten war für ihn kein Widerspruch; bis ihn eines Tages meine Mutter, übersät mit Blutergüssen, bei der Polizei anzeigte und diese ihn der Wohnung verwies. Er kam zu spät zur Arbeit. Eines Tages kam er gar nicht mehr.

Meine Mutter wusste, dass er sich rächen würde, aber so war ich wenigstens aus der Schusslinie. Sie wollte, dass ich es besser hatte als sie. Meiner Mutter war es nur gestattet, den ganzen Tag zuhause zu sitzen und nicht zu arbeiten. Sie sprach kein Deutsch und durfte es weder lernen, noch sprechen, was sie dennoch heimlich lernte. Weiblichen Wesen war es auferlegt das zu tun, was Männer, Brüder, Cousins und Söhne sagten.

Nur zum Einkaufen durften sie rausgehen. Beaufsichtigt, im Auftrag des Familienoberhauptes, durch meinen Bruder Ahmet. Er musste auch mein Verhalten beobachten, um die Familienehre zu verteidigen. Sobald ich mich außerhalb der Route meines Vaters bewegte, die U-Bahn nahm, war Ahmet am Zug. Es gelang ihm jedoch nicht immer, was ihn unter Druck setzte. Denn dabei stand er wiederum selbst unter Kontrolle.

Seit ich zwölf Jahre alt war und den Schleier tragen musste, war es mir nicht mehr erlaubt das Haus zu verlassen, es sei denn für die Schule oder das Studium. Die einzige Freiheit, die ich hatte, war die Bibliothek; da wurde ich nicht kontrolliert. Treffen mit meinem Freund mussten dort als getarnte Nachhilfestunden herhalten. Wenn mein Vater oder Bruder herausbekommen hätten, dass ich einen deutschen Freund hatte, wäre ich sofort mit einem alten türkischen Mann verheiratet worden. Mein Vater bekam glücklicherweise zuerst nichts mit, da er sich auf Ahmet verließ. Dieser hatte bald einen Verdacht und das reichte. Meine Mutter hatte Wind davon bekommen und wollte mich in der Folge schützen.

Im Grunde war mein Vater stolz auf meinen ausgezeichneten Abschluss, und darauf, dass ich studierte; so wuchs sein Ansehen. Aber damals wusste ich noch nicht, dass ich nie meinen Beruf hätte ausüben dürfen. Denn wenn Töchter verehelicht wurden, mussten sie nicht mehr ernährt werden, sie wurden gewissermaßen „verkauft". Interessante Logik nicht? Wenn sie arbeiten gedurft hätten, hätten sie sich ja selbst ernähren können. Damit das Brautgeld in der Familie blieb, wurden Cousinen mit Cousins verheiratet, dann musste der Acker nicht geteilt werden. Nur wo gab es hier Äcker? Aber das war unsere Tradition.

Mein Vater galt als gut integriert. Nun durfte er nicht mal sein eigenes Zuhause betreten. Das war eine folgenschwere Schande für ihn. Um seine Ehre nicht vollständig zu verlieren, drang mein Vater kurz darauf, zutiefst gekränkt und vermutlich angestachelt durch die Umma, in die Wohnung ein und griff meine Mutter erneut an. Ich kam ihr gerade noch rechtzeitig zu Hilfe, als er dabei war ihr mit der Faust ins Gesicht zu schlagen.

Bald danach verurteilte das Gericht meinen Vater, der ihr mit Mord gedroht hatte, zu zwei Jahren Haft. Meine Mutter und ich hatten als Zeuginnen endlich ausgepackt. Ein Fehler. Es kam zum Streit zwischen Ahmet und meiner Mutter, wobei er mich als Hure bezeichnete.

Die Frau in unserer Kultur hatte kein Recht über ihre Sexualität zu entscheiden. Der Mann konnte seine Ehre aufgrund des erotischen Verhaltens seiner Ehefrau verlieren. Das fing dabei an, Männer nur anzublicken. Wie die Männer selbst mit ihren Partnerinnen umgingen, war unerheblich. Die Frauen mussten sich unterordnen, im Namen der Ehre. Wie genau setzten die Männer fest. Der „Ehre“ entsprachen alle Normen, die eine Familie als Regel definierte.

Aus Furcht vor der Rache meines Vaters flüchtete ich ins Frauenhaus und ließ schweren Herzens meine Mutter zurück. Die Umma war indessen gespalten, im Hinblick auf das Gerichtsurteil, bei dem sich mein Vater gegenüber meiner Mutter keinen Respekt verschaffen konnte und somit er seine Ehre verlor.

Dennoch versuchte mein Vater den Kontakt zu seiner Umma aufrecht zu halten. Sein Ansehen bröckelte aber zunehmend. Die moslemische Gemeinschaft wendete sich daraufhin von ihm ab. Eine Tragödie für ihn.

Zuhause fühlte sich meine Mutter, aus Angst vor den Morddrohungen trotz Polizeischutz, nicht mehr sicher und floh auch ins Frauenhaus. Sie ahnte nichts vom Ausstoß meines Vaters aus der Umma.

Ich war inzwischen im Ausland untergetaucht, hatte mittlerweile eine neue Identität angenommen und suchte wieder eine Verbindung zu meiner Mutter herzustellen. Ein gefährliches Wagnis.

Ahmet bangte um sein Ansehen, da er die Familienehre - durch seine Mutter und mich, wie er vermutete, beschmutzt - nicht hatte verteidigen können.

Bald danach fanden Spaziergänger im Baggersee die Leiche meiner Mutter. Man beschuldigte anfänglich meinen Vater als Anstifter. Bevor es zu einem neuen Prozess kam, war der angesichts des Ansehensverlustes bei seiner

Umma so zermürbt, dass er in seiner Zelle einen Selbstmordversuch unternahm. Die Indizien ergaben später, dass Ahmet unsere Mutter entführt und umgebracht hatte.

Bevor mein Bruder in die Türkei abtauchen konnte, die ihn nicht ausliefern durfte, gelang es der Kripo ihn rechtzeitig am Flughafen festzunehmen.

Er wurde zu zehn Jahren Gefängnis verurteilt. Seitdem bin ich wieder hier, aber unter meiner neuen Identität: Halil.

Ich war tief bewegt von dieser Geschichte, die so verborgen, vor allen Augen passierte und an der offenbar kaum jemand Anteil nahm, wenn das Schweigen sie umhüllte. Auch das war Deutschland.

Reise nach Istanbul

Drama-Kurzgeschichte

Widmung

Für alle Frauenrechtlerinnen in der Türkei

Vorwort

Kommentar von Arno von Rosen (Thriller-Autor):

„Wie schnell Luzie Pan auf den Punkt kommen kann, demonstriert sie hier wieder wunderbar. Direkt nach wenigen Sätzen schafft sie den Sprung mitten in ihre Geschichte, ohne dem Leser wichtige Eindrücke des Umfeldes vorzuenthalten. Zielgenau rückt die Autorin die unterschiedlichen Bräuche, Religionen und Weltanschauungen in unser Blickfeld, und lässt es spielerisch aussehen, ohne den erhobenen Zeigefinger auf die Sichtweise anderer Kulturen aufmerksam zu machen. Der Wunsch nach mehr Lesestoff ist sofort da."

Bewertung meiner Lektorin:

„Mich hat Ihre gut formulierte Erzählung bereichert."

Zitat

„Fürchtet euch nicht vor denen,

die den Leib töten,

die Seele aber nicht töten können,

sondern fürchtet euch eher vor dem,

der Seele und Leib ins Verderben

der Hölle stürzen kann. …

Bei euch aber sind sogar die Haare

auf dem Kopf gezählt.“

(Mt 10,28;30 (NT))

Reise nach Istanbul

Istanbul. 10:00 p.m. Völlig erschöpft war Dörte endlich am Flughafen gelandet. Nur noch fünf Passkontrollen. Asien. Mit beiden Koffern bepackt rollte sie erwartungsvoll der Empfangshalle entgegen. Wartende Gesichter mit hochgehaltenen Namensschildern blickten sie an. Nachdem sie sich langsam aus der Menge heraus gewühlt hatte, entdeckte sie die zierliche Aylin. Ein erleichtertes Lächeln zog über ihr Gesicht.

Aylin war für die Aleviten-Recherche nach Deutschland gekommen und hatte bei Dörte gewohnt. Nun wollte Dörte ihre türkische Kultur kennenlernen und mehr über den Ehrenmord erfahren.

Die eifrig telefonierende Aylin tänzelte von einem Bein aufs andere, wobei ihr schicker Mantel ständig hin und wedelte. Während sich Dörte aus der kurzen Umarmung mit Aylin löste, kam plötzlich Aylins Bruder Hasan an geschlurft. Ohne sie anzusehen, gab er Dörte schroff die Hand und drehte sich um. Diese guckte leicht verwirrt und trottete ihm mit Aylin Richtung Ausgang hinterher.

Der bärtige Taxifahrer mit Baseball-Kappe war ungefähr genauso gesprächig wie ihr Bruder. Während der Fahrt öffnete er auf einmal das Fenster und fing an genüsslich zu rauchen. Dörte saß angenervt genau hinter ihm. Rauchschwaden mit kaltem Wind wehte ihr um die Nase.

In der Dunkelheit erschien die sechsspurige Autobahn wie eine wohl aneinandergereihte Lichterkette, die sich in die Ferne der Metropole zog. Dörte war tief beeindruckt. Irgendwann waren sie in ein Wohngebiet abgebogen und das Taxi hielt vor einem vierstöckigen Haus.

Nachdem sie das eiserne Tor passiert hatten, führte ein kleines Treppchen zur Haustür. An der Eingangstür erwarteten sie Aylins Eltern. Sie begrüßten Dörte mit feuchten Küsschen auf beide Wangen.

Es gab Manta. Eine Art italienische Tortellini auf Türkisch. Die religiösen Fronten waren schnell geklärt. Es wäre völlig egal, ob man Christ oder Moslem war, solange man an irgendetwas glaubte. Alle Menschen wären schließlich gleich.

Der Vater, ein großer 90-jähriger Mann mit graumeliertem Haar und freundlichem Lächeln war gläubiger Moslem. Er sah aus wie maximal 70. Ursprünglich war er kein Türke, denn er kam aus Aserbaidschan oder besser aus Georgien. Er lebte Part-time in Istanbul und in den anatolischen Bergen und war dort einst ein wohlhabender Viehhändler gewesen. Für die Bildung seiner neun Kinder war die ganze Familie nach seiner Pension vor 20 Jahren nach Istanbul gezogen.

Seine Frau war eine 63-jährige flinke, freundliche, ebenfalls immer lächelnde, kopftuchtragende gläubige Kurdin. Leider durfte sie kein Kurdisch sprechen, da ihr Mann das nicht zuließ.

Nachdem Essen bereitete sie Dörte ein Nachtlager auf einem Bettsofa im gleichen Zimmer zu. In der ersten Nacht machte Dörte todmüde „Bekanntschaft“ mit dem

Muezzin, der morgens um fünf Uhr über Lautsprecher singend zum Gebet einlud und wie ein Wecker funktionierte. An Ausschlafen war nicht zu denken.

Aylins Beitrag dazu war: Arbeiten, war doppelt beten. Sie übersetzte bis fünf Uhr morgens Texte vom Türkischen ins Englische. Dörte hatte sie in ihrem „Arbeits-Wahnsinn" damals kaum zu Gesicht bekommen.

Im Wohnzimmer schlief ebenso Aylins Mutter. Sie schnarchte und führte ab und zu kurdische Selbstgespräche. Dörte mochte ihre Mutter. Sie hatte neun Kinder geboren und ihr Mann hätte ihr Vater sein können. Er hatte sie geheiratet, nachdem er 20 Jahre im Gefängnis gesessen hatte. Um sie heiraten zu können, musste er sie erst entführen. Somit musste er sie heiraten. Das war der Brauch.

Dörte hatte sich als verheiratete Frau vorgestellt, sicherheitshalber. Aylin hatte ihr dazu geraten. Sie wäre sonst nicht respektiert worden.

Als Dörte beim Frühstück auf Aylins älteste Nichte Tamar traf, großgewachsen und dunkelblond, mit fließendem Englisch und Deutsch, erfuhr sie, dass die „Emanzipation" der jungen Türkinnen darin bestand, ob es eine Visapflicht gab oder nicht, wenn sie nach Europa reisen wollten. Von Ehrenmord oder Zwangsverheiratung, wie Dörte dachte, keine Spur. Diese jungen türkischen Frauen wirkten europäisch, aber sie fühlten sich nicht europäisch. Obwohl die Gesetze sich rein theoretisch immer mehr den Europäischen anzugleichen schienen, wurden sie leider rein praktisch nicht immer angewandt.

Am nächsten Tag lief Dörte allein in einem nicht so „gefährlichen" touristischen Stadtteil herum. Die Leute waren nett und freundlich, als sie heißen Salep to go mit Zimt bestellte. Außerdem saßen in den Männercafés manchmal sogar Frauen. Das ging an sich gar nicht. Kurz gesagt, Istanbul war anders. Es war modern. Alles wirkte sehr tolerant und westlich. Dörte war total verblüfft. Die Frauen waren vielfältig: von voll verschleiert bis Minirock. Darüber hinaus gelang es Dörte sogar eine touristenoffene Moschee zu besuchen. Für Frauen sonst nicht erlaubt.

Dörtes türkische Gastgeber waren überaus großzügig. Bei Gesprächen mit Aylins Brüdern bekam sie ständig zu hören, dass es hier keinen Ehrenmord gäbe. Möglicherweise in den südostanatolischen Bergdörfern. Das verwirrte Dörte zunehmend. Sie erzählte von Deutschland, von Ehrenmorden in Berlin. Ihre Gesprächspartner schüttelten nur ungläubig den Kopf über ihre vermeintlichen Landsleute. Wie man denn heutzutage Ehrenmord begehen könne.

Dörte beharrte darauf, aber hatte irgendwie das Gefühl, dass das alles nicht stimmte. War es ein Tabuthema? Musste man sein Gesicht wahren?

Andererseits waren die Türken ausgesprochen aufmerksam, registrierten alles und wollten immer behilflich sein. Sie schienen nichts vorzugeben, was sie nicht waren und hatten Respekt vor anderen Kulturen.

Die heutige türkische Jugend dagegen rebellierte gegen die Traditionen ihrer Eltern. Ihre einzige Chance war Bildung und dafür gaben sie alles.

Am Abend gab es Gäste: Verwandte aus Georgien. Der Besuch entsprach dem klassischen Frauen- und Männerbild, das Dörte von der Türkei gehabt hatte. Die Frauen mit Kopftuch. Die Männer mit Kopfbedeckung und Gebetskette wirkten dominant. Im gesamten Haushalt von Aylins Familie hatte sie nie ein Kopftuch gesehen, außer bei ihrer Mutter. Diese war dazu Analphabetin. Aber ihre Kinder hatten ihr in den letzten Jahren lesen und schreiben beigebracht.

Die aufgeweckte Tamar hatte sich von der Visumspflicht nicht abschrecken lassen und flog am nächsten Tag nach Wien. Sie hatte einige Zeit in Bayern gelebt, Deutsch gelernt und studiert. Sie eckte mit ihrer „europäischen" Denkweise an, aber man ließ sie gewähren. Sie war 25, lief figurbetont herum, wollte nicht heiraten, Sprachen lernen und unbegleitet reisen. In einer traditionellen Familie wäre das nicht geduldet worden, aber sie hatte Glück. Sie war nicht in Deutschland als Türkin geboren worden. Da wäre sie schon längst zwangsverheiratet, mutmaßte Dörte. Ihr Vater, Aylins Bruder war froh, wenn seine älteste Tochter überhaupt irgendetwas unternahm.

Am nächsten Tag hatte Aylin einen Termin bei ihrem Professor. Sie hatte ihre Masterarbeit immer noch nicht abgegeben. Eine Stunde später erreichte Dörte mit Aylin eine Wolkenkratzergegend. Das Meeting mit dem Professor sollte in einem Hotelkomplex-Café stattfinden. Der fein gekleidete, fehlerlos Englisch sprechende freundliche Professor unterrichtete Aylin über die Aleviten in Europa und draußen wehte vor den Wolkenkratzern die türkische Fahne. Für einen Moment wusste Dörte nicht, ob sie tatsächlich in Asien war.

Rückreise. Leider. Am nächsten Tag fuhren Aylins Bruder Mehmet, ein ebenfalls deutschsprechender Mathematiklehrer und Aylin Dörte zum Flughafen. Dort kontrollierten Grenzpolizisten mit Kalaschnikows die Auffahrtsstraße. Dörte traute ihren Augen nicht, als sie an ihnen vorbei fuhren. Es war wie im Film.

Als Aylin mit Dörte den Eingang des Flughafens passierte, gab es wieder die obligatorischen Taschenkontrollen. Dörte kam sich vor wie eine Terroristin. Nach weiteren fünf Pass-Kontrollen wurde sie am Check-In zu ihrem großen Erstaunen durchgewinkt. Die Türen nach Europa standen offen. Plötzlich begann eine Frau die wartenden Passagiere nach Reisepässen zu kontrollieren. Dörte wurde dabei gar nicht beachtet.

Im Flugzeug sinnierend, kam ihr die Türkei ausnehmend europäisch vor. Anhand dem, was sie dort mitbekommen hatte. Sie konnte sich sogar vorstellen, dort zu leben. Ehrenmord schien es hier wirklich nicht zu geben, zumindest nicht in Istanbul.

Plötzlich erinnerte sie sich, was Aylin ihr über ihre Schwester, die in Deutschland lebte, erzählt hatte. Die Türkinnen begannen dort oft Selbstmord wegen Depression. Bevor Aylin nach Deutschland gegangen war, hatte man sie gewarnt. Deutschland war zwar das Land der vielen Möglichkeiten, wenn sie sich an die Spielregeln hielt. Es war aber auch das Land der „Herzenskälte".

Zuhause angelangt erschien Dörte alles so unwirklich. Sie vermisste die türkische Tee-Zeremonie und das ausgiebige Frühstück-Mittagessen.

Eine befürchtete Entdeckung holte sie wieder in die Realität zurück. Im Gebiet um Istanbul gab es laut einer Statistik die meisten Ehrenmorde. Hierhin immigrierten viele bildungsferne kurdisch-stämmige Türken aus der Ost-Türkei, die früher nach Deutschland gegangen waren. In der Türkei gab es seit einiger Zeit wenigstens keine Strafminderung mehr für Ehrenmord.

Dörte erkannte, dass sie es nur mit Mittelschicht-Leuten zu tun gehabt hatte. Ehrenmord war da unvorstellbar.

Die deutsche Justiz deklarierte den Ehrenmord in Deutschland aus Mangel an Beweisen oft als ein normales Verbrechen, als kulturbedingten Totschlag oder „Selbstmord". Dann war der Selbstmord der Türkinnen nicht nur der Depression geschuldet, sondern eigentlich ein Ehrenmord, rätselte Dörte.

Sie erinnerte sich an die einzige Erklärung, die Dörte von Aylins Familie dafür bekommen hatte. Sie besagte, dass ihre Landesgenossen in Deutschland aus Angst vor Kulturverlust und Assimilierung an ihrer traditionellen rückschrittlichen Lebensweise festhielten. Für die aufgeklärten Türken in der Türkei war das total unverständlich.

Als sie weiter recherchierte, stieß sie auf einen anderen Hintergrund. Trat ein Ehrenmord an die Öffentlichkeit, hätte er das Image der Türken beschädigt und Vorurteile geschürt - sie wollten doch in die EU - deshalb verleugneten sie oft das Delikt.

Wie dem auch sei. Aylins Familie hatte Dörte auf jeden Fall ins Herz geschlossen und erwartete sehnlichst ihre Rückkehr.

Krimi-Kurzgeschichten

Krimi-Kurzgeschichten

Der Barbier von Neukölln

Weiße Weste

Urlaub mit Hindernissen

Leichen im Keller

Kurzgeschichten
Krimi
Der Barbier
von Neukölln
Luzie Pan

Der Barbier von Neukölln

Krimi-Kurzgeschichte

Widmung

Für die in Istanbul Ermordeten:
Den Homosexuellen Ahmet Yildiz (gestorben am 15.07.08) und die Transsexuelle Ebru Soykan (gestorben am 10.03.09) und für alle Homo-, Trans- oder Inter-Sexuelle, die in unserer Gesellschaft immer noch diskriminiert werden.

Vorwort

Kommentar von Arno von Rosen (Thriller-Autor):

„Geht es um Liebe, Familienbande, Traditionen, oder einen ganz normalen Mord? Wer es herausfinden will, sollte die Kurzgeschichte von Luzie Pan lesen, die sie im bunten Treiben des Berliner Bezirkes Neukölln angesiedelt hat. Wieder lässt die Autorin ihre feine Beobachtungsgabe in die Figuren der Geschichte einfließen. Sind Klischees dabei? Sicherlich, denn das bleibt an so einem Handlungsort zwangsläufig nicht aus, denn in jedem guten Klischee steckt auch immer ein Körnchen Wahrheit, und manchmal besteht dieses Körnchen eben aus Blei."

Kommentar von Daniel Mattes (Thriller-Autor):

„"Geht es um Liebe, Familienbande, Traditionen, oder einen ganz normalen Mord? Wer es herausfinden will, sollte die Kurzgeschichte von Luzie Pan lesen". Das sollte man wirklich! Luzie Pan lässt in ihrem Kurzkrimi spannende Charaktere im Schmelztiegel von Neukölln aufeinander treffen. Die Autorin lässt großes schriftstellerisches Potential erkennen und macht auch von schwierigen Themen nicht halt. Ihre Geschichten, Figuren und Themen haben eine große Bühne verdient, ich würde mich freuen irgendwann einen großen Roman der Autorin lesen zu dürfen. Zusammenfassend: Uneingeschränkte Kaufempfehlung und beste Bewertung."

Kommentar eines Redakteurs, Texters und Journalisten:

„Der Krimi spielt in Neukölln. Die Tür stand auf und ein leichter Herbstwind zog durch den Laden und Neukölln. Ein schöner Satz … In die Geschichte hast du einiges an Konfliktpotenzial reingebracht. Und beleuchtest es auch mal von einer weniger bekannten Seite: Zwangsehe aus Sicht des Mannes, Homosexualität im Migranten-Milieu, Existenzkampf eines Frisörs und Ehrenmord."

Zitat

„Richtet nicht, damit ihr nicht gerichtet werdet!“

(Mt 7,1 (NT))

Der Barbier von Neukölln

Kerim blieb plötzlich stehen, klatschte sich mit der Hand auf die Stirn und machte kehrt. Um neun Uhr war er mit Andrea in der Homo-Bar „Sintonia" verabredet, er musste sich beeilen.

Jetzt trippelte er die sechs Stufen zu seinem Salon, dessen Schild „Barbier Kerim" über der Türe halb abgeschraubt an wenigen Kabeln hing, hinauf. Als er eintrat, hörte er ein Geräusch und sah eine Gestalt in den Laden huschen. Woher kam sie? Hatte er sich getäuscht? Er schaltete das Licht an. Die Dunkelheit dauerte an. Kein Strom. Totenstille. Auf einmal knallten drei Schüsse. Kerim taumelte. Er sank langsam in die Knie und kippte zur Seite. Blut lief im aus seinem Mund. Das Mobiltelefon glitt ihm aus der Hand.

Der neue Mieter, ein arabischer Handyladenbetreiber, fand ihn am nächsten Tag auf dem Boden liegen, als er die Schlüssel von ihm in Empfang nehmen wollte.

Kriminalhauptkommissar Haslinger schlurfte zur Tür herein. Er musste extra seinen Italienurlaub unterbrechen, um hier aufzukreuzen. Es war sein erster Urlaub nach der Scheidung. Während er sich dem Toten näherte, parkte der Rettungsdienst mit lautem Autoreifenquietschen auf dem Bordstein. Haslinger lief umständlich um den Ermordeten herum, denn er hatte sich in der Hektik den

Knöchel verstaucht, und stolperte dabei fast über ein Handy.

Da balancierten die Sanitäter eine Krankenbahre in den Laden und stellten sie geräuschvoll neben dem Toten ab.

Einige Zeit vorher.

„Ja gut, wir sehen uns heute nach Ladenschluss“, flüsterte Kerim, während sein Bruder Oktay zum Waschbecken schlich.

Schnell klappte Kerim das Nokia zu und ließ es in seine Gesäßtasche gleiten. Der Rasierschaum war eingezogen. Er setzte die Klinge unter den Backenbart seines Kunden an und spannte dabei die Haut darunter mit der anderen Hand. Eine braune lockige Haarsträhne fiel ihm ins Gesicht. Er blies sie weg. Im Hintergrund dudelte türkische Popmusik. Die Tür stand auf und ein leichter Herbstwind gespickt mit süßlichem Shisha-Pfeifen-Duft, aus der Shisha-Bar nebenan, zog durch den Laden und die Straßen von Neukölln.

Nach einer Weile kamen eine schwarz verschleierte Frau und ein älterer Mann herein. Es war seine Mutter Nilgün, die sich türkischen Tee nahm, auf einen freien Frisierstuhl setzte und Kerim beobachtete. Sein Vater Ahmed stand neben ihr.

„Heute Abend kommen Onkel Mustafa, Tante Seyran und deine Cousine Sibel zum Essen. Du wirst sie heiraten!“, kommandierte Nilgün und setzte die Tasse an ihren Mund.

Kerim schaute kurz auf, nickte beklommen und klatschte Kölnischwasser auf die Wangen seines Kunden.

„Gut so?“, lächelte er dem Klienten im Spiegel zu.

„Und mach den Laden morgen zu!“, rief ihm seine Mutter, während sie sich erhob, das Gläschen halb voll stehen ließ und mit Ahmet aus dem Laden stolzierte, hinterher.

Er sollte seine Cousine heiraten? Er hatte momentan andere Probleme, denn er fühlte sich seit einiger Zeit in seiner Existenz bedroht.

Neben ihm hatte ein Barbierladen mit mehreren Angestellten eröffnet, der ihm alle die Kunden wegschnappte, die er sich mühevoll erworben hatte. Es war sein einstmaliger bester Freund Cem. Sie hatten gemeinsam die Ausbildung gemacht, zusammengearbeitet, sich aber im Streit getrennt.

Anfänglich tat er so, als ob ihn das nicht störte. Aber es folgten Verleumdungen, die Cem unter seinen Kunden verbreitete. Bis Kerim beschloss, seinen Salon nach Charlottenburg zu verlegen.

Bei seinem Freund Andrea, einem italienischen Modedesigner, wollte er sich Geld leihen und damit den neuen Laden kaufen. Er bangte um seinen Ruf als Geschäftsmann. In Charlottenburg hoffte er auf einen Neuanfang, weit weg von Cem.

Dort „teilte" ein Mafiaclan gerade unter seinen Leuten Immobilien „auf". Er plante eine neue Pizzeria mit Salumeria (italienischem Feinkostladen). Dabei wollte der Clan dieselbe Immobilie wie Kerim für den Laden kaufen und war bereit dafür viel Geld zu zahlen. Denn die Location war für den künftigen Drogenumschlagplatz Nummer eins gut gelegen.

Der Verkäufer des Gebäudes, Herr Bachstein, entschied sich jedoch gegen den Mafiaclan, als Ettore, dessen Mafia-Soldat, ihm sein Kaufangebot unterbreitete. Kerim hatte von der Geldwäsche dieses Kaufbewerbers Wind bekommen. Andrea hatte es zufällig in Erfahrung gebracht und

Kerim gesteckt. Herr Bachstein hatte sich daraufhin für ihn entschieden.

Infolgedessen wollte Ettore Herrn Bachstein erpressen, als er eines Tages in seinem Büro auftauchte. Er schüchterte ihn damit ein, dessen kleine Tochter vom Kindergarten abzuholen, wenn er nicht an ihn verkaufte. Herr Bachstein drohte daraufhin die Polizei zu rufen. Bei dem Wort „Polizei“ schritt Ettore abrupt aus dem Raum, knallte wütend die Türe zu, während er ihm hinterher kläffte:

„Sie hören noch von mir“.

Kerims alter Laden war jetzt neu vermietet und der neue Laden in Charlottenburg sollte bald eröffnet werden. Der letzte Rest seiner Kundschaft hatte sich angekündigt.

Seinen Freund Andrea hatte er vor einiger Zeit in diesem Viertel in der „Sintonia“ kennengelernt. Ihm war klar, was ihm drohen würde, wenn das herauskam. Mit Schaudern dachte er an eine Hochzeit mit seiner Cousine.

Eines Tages sah ihn sein Cousin Hasan händchenhaltend mit Andrea die Straße entlang spazieren, von Kerim unbemerkt.

Kurz darauf schlich Ettore in Kerims Salon. Ettores Auftrag war, diesen Laden zu kaufen, und er hatte Erkundigungen über seinen Mitbewerber eingeholt und wollte ihn bestechen. Sein Mafiaboss saß ihm im Nacken. Aber Kerim lehnte in aller Ruhe ab. Er brauchte dieses Geld nicht. Plötzlich fühlte er Ettores Hand am Kragen und ein Messer an seinem Hals.

„Ich komme morgen wieder, überlege es dir gut, wenn dir dein Leben lieb ist … und das deiner Familie! Kein Wort zur Polizei!“, hörte Kerim ihn in sein Ohr flüstern.

Kerim schlotterten die Knie, als Ettore endlich von ihm abließ und mit lautem Getöse abzog.

Zuerst befragte, Kriminalhauptkommissar Haslinger die „Barbierladenkonkurrenz" Cem. Wobei er, beim Eintreten in dessen Laden, sein Bein immer leicht hinter sich her zog. Dabei rempelte er aus Versehen einen Mann an, der vor dem Laden rauchte. Drinnen angekommen, winkte er geschäftig Cem herbei. Dieser hatte von nichts etwas gehört oder gesehen, sondern zur Tatzeit zu Hause mit seiner Familie zu Abend gegessen.

„Nur Ärger hat mir das eingebracht. Sie sehen doch! Der Laden ist halbleer. Ein toter Barbier ist schlecht für das Geschäft! Das spricht sich wie ein Lauffeuer herum", jammerte Cem und schnaufte, aber dann hellte sich plötzlich sein Blick auf.

„Fragen sie doch diese Tunte … mit der hatte er in letzter Zeit oft Streit … es ging wohl um Geld … vielleicht musste Kerim jetzt einen Kredit aufnehmen", grinste Cem, „oder Andrea war eifersüchtig auf seine Kunden", rollte er mit den Augen und kassierte nebenbei die Kundschaft ab.

Der Kunde nahm Haslinger beim Hinausgehen beiseite und erzählte ihm im Flüsterton, dass Cem einst bei Kerim gearbeitet hatte, dort rausgeflogen und eine Weile von der Bildfläche verschwunden war. Er hatte sich sehr gewundert, als er wie aus dem Nichts dieses Geschäft genau neben ihm eröffnet hatte. Wie Phönix aus der Asche. Aber ihm war das egal, solange die Leistung und der Preis stimmten.

Der Kommissar nickte dem Kunden bedächtig zu, zog beiläufig, seine plastikbehandschuhte Hand aus seiner Manteltasche, griff in den Aschenbecher vor dem Laden und fischte ein paar eben ausgedrückte Zigarettenstummel heraus. Er stopfte sie in eine Plastiktüte, die er aus der anderen Tasche kramte.

„Man kann ja nie wissen", raunte er zu sich selbst, verabschiedete sich von dem Mann und zog von dannen.

Am Nachmittag läutete der Kommissar bei Andrea. Dieser öffnete ihm im seidenen Morgenmantel und bot ihm einen Kaffee an, den Haslinger dankend ablehnte. Daraufhin ließ er sich mit seinem humpelnden Bein erleichtert auf einem Stuhl am Küchentisch nieder, den ihm Andrea zuwies.

„Ich hab echt keine Ahnung Herr Kommissar!", sagte Andrea, kratzte seinen Drei-Tage-Bart und goss sich ein Glas Orangensaft ein.

„Kriminalhauptkommissar, wenn ich bitten darf", räusperte sich Haslinger.

„Ja dann eben Kriminalhauptkommissar."

Haslinger schaute ihn abwartend an. Dann setzte er nach:

„Wo waren Sie zur Tatzeit?"

„Ich war in unserer Bar und wartete auf ihn … hatte ihm eine SMS geschickt … kam aber keine Antwort … hätte ich gewusst, dass er in Gefahr …"

Andrea schaute den Kommissar mit seinen haselnussbraunen Augen an, wobei seine Wimpern zitterten und begann an seinem Orangensaft zu schlürfen.

„Sie wollten ihm Geld leihen?"

Andrea schüttelte den Kopf, dabei wirbelten seine schwarzen Locken und sein ausgestreckter Zeigefinger durch die Luft. Er zögerte.

„Jaaa ich wollte … aber ich hab den Zuschlag nicht gekriegt … keinen Zuschlag, keine Knete. Capito?"

Haslinger sah ihn irritiert an und bohrte: „Den Zuschlag für was?“

„Na für die Kollektion“, brüstete sich Andrea und zupfte ein Staubflöckchen von seinem Morgenmantel.

Haslinger kräuselte die Lippen, schlug die Augen nieder und erhob sich.

„Ok, das werden wir überprüfen. Halten Sie sich bitte zur Verfügung!“

Beim Hinausgehen drehte sich Haslinger nochmals um, wobei sein verstauchter Knöchel eine japanische Porzellan-Vase rammte. Er biss die Zähne zusammen und hielt kurz die Luft an. Daraufhin stellte Andrea unbeteiligt die Orangensaftflasche in den Kühlschrank, als ob, ihn das alles gar nichts anginge.

„Ach … hatte Kerim ein Verhältnis mit einem anderen?“, presste Haslinger schließlich hervor.

„Wo denken Sie hin Herr Kommissar!“, erboste sich Andrea, dessen Hände, die wieder das Glas Orangensaft umgriffen, zitterten.

Als Haslinger am folgenden Tag den Hausbesitzer interviewte, atmete dieser tief durch, stützte seinen Kopf in beide Hände und die Ellenbogen auf seinen Schreibtisch, dann drückte er die klimmende Zigarette im Aschenbecher vor ihm aus, nachdem er nochmal hastig daran gezogen hatte, richtete sich auf und schaute Haslinger ernst in die Augen.

„Hätte ich das alles gewusst, hätte ich gar nicht verkauft. Immer nur Scherereien!“, knurrte er und schob Haslinger einen Zettel zu.

„Hier ist die Adresse von seinem Mitbewerber. Er heißt Ettore Scali … dürfte Ihnen das gar nicht geben.“

Haslinger, der sich inzwischen auf einem Stuhl gegenüber des Schreibtisches niedergelassen hatte und versuchte seinen Knöchel in eine schmerzfreie Position zu bringen, schaute ihn verdutzt an.

„Danke, aber warum?“

„Das erzähle ich Ihnen lieber nicht“, keuchte Herr Bachstein und guckte angestrengt auf seinen Computer.

Haslinger griff sich den Zettel, stand schwerfällig auf und wandte sich zur Tür zum Gehen.

„Wie Sie meinen“, warf er ihm zu, während er die Türklinke umgriff.

„Ich kenne keinen Kerim. Wer soll das sein? … Damit habe ich nichts zu tun“, kläffte Ettore, als unvermittelt der Kommissar vor ihm stand.

„Ich bin neu hier, ich kenne niemanden. Ich bin ein ehrbarer Bürger und zahle meine Steuern!“, keifte er und schlug ihm die Tür vor der Nase zu, bevor Haslinger nur ein Wort hervorbringen konnte.

Auf dem Polizeipräsidium kam Haslinger nach einer Internet-Kurz-Recherche bei Interpol zu erstaunlichen Erkenntnissen. Alles war gelogen. Ettore Scali wurde von der italienischen Polizei gesucht. Da Haslinger aber nichts gegen ihn in der Hand hatte, galt für ihn die Unschuldsvermutung. Hierfür war leider die italienische Polizei zuständig. Dumm gelaufen.

„Schöne Scheiße“, schnaufte Haslinger und nahm seinen Mantel erneut vom Kleiderhaken.

„Jetzt knöpfe ich mir mal die ganze Bande vor.“

Kerims Familie reagierte reserviert und betroffen. Sie waren stolz auf ihren Sohn gewesen, der sich aus eigener Kraft einen Laden aufgebaut hatte. Später hatte er sogar seinem Bruder Oktay damit Arbeit verschafft. Er war ein guter Junge und sollte bald seine Cousine Sibel in der Türkei heiraten. Deswegen hatten sie seinen Cousin Hasan aus der Türkei geholt, der den Laden übernehmen sollte. Mit geschwollener Brust zeigten sie ihm ein gerahmtes Foto von Hasan und Kerim, welches sie neben dem kleinen bauchigen Teetässchen positionierten, das sie für Haslinger auf dem Couchtisch abgestellt hatten.

Haslinger zog die Augenbrauen hoch und betrachtete das Bild eingehend. Diesen Mann hatte er schon einmal gesehen.

„Kann ich das haben?“, stieß er sofort hervor, während er das Foto noch genauer betrachtete.

Nilgün überreichte ihm das Bildnis während sie zustimmend den Kopf senkte.

„Vielen Dank und auch für den Tee. Halten Sie sich bitte zur Verfügung. Wiedersehen“, verabschiedete sich der Kommissar mit einem Nicken und erhob sich langsam.

Herr Haslinger tappte weiter im Dunkeln. Es gab zwar mögliche Motive, aber er hatte keinerlei stichhaltige Beweise. Keine Tatwaffe. Keine Zeugen.

Am nächsten Tag lud ihn der Staatsanwalt vor. Er wollte den Fall abschließen. Er schadete seiner Karriere, denn er wollte für die Bürgermeisterwahl kandidieren. Das dauerte alles zu lange. Haslinger bekam zwei Tage. Dann musste der Fall gelöst sein, sonst entzog der Staatsanwalt ihm den Fall und Haslinger musste auf eine Profiler-Schulung.

„Oder wollen Sie nach Bayern strafversetzt werden? Sie können es sich aussuchen“, bot ihm der Staatsanwalt gönnerhaft an.

Der Kommissar wurde immer nervöser. Er suchte krampfhaft nach Hinweisen. In der Folge beschlagnahmte er Kerims Computer, die gesamte Buchhaltung und checkte nochmal dessen Handy. Das letzte Telefonat, das darauf gespeichert war, zeigte Andreas Anschluss. Keine SMS! Ein Anruf! Kurz vor seinem Tod.

Der Kommissar ging zur Bar. Dort sagte man ihm, dass Andrea an diesem Abend gar nicht da war. Auf dem Rückweg traf er auf Hasan, als dieser Richtung Rotlichtviertel schlenderte. Er erkannte ihn sofort. Das war der Mann, den er auf dem Foto von Kerims Eltern gesehen hatte.

„Ich nichts wissen, neu in Deutschland“, stotterte dieser auf die Ansprache des Kommissars und machte Anstalten zu türmen.

Haslinger versperrte ihm reflexartig den Weg. Eine Heldentat, die ihm sein Knöchel mit einem Jaulen dankte.

Auf der Wache befragte er den jungen Mann, dessen Identität sich als Hasan bestätigte, nach seiner Beziehung zu seinem Cousin Kerim, aber dieser machte sich nur lustig über diesen. Er wäre gar kein richtiger Mann, sondern ein Weichei gewesen. Er hätte seine Schwester gar nicht verdient. Aber nun war alles geklärt. Oktay werde seine Schwester heiraten.

„Oktay?“, murmelte Haslinger und runzelte die Stirn, dabei fiel sein Blick auf den Kalender an der Wand seines Büros.

Einen Tag noch, dann musste der Fall gelöst sein. Aber er verstand nur Bahnhof.

Als er Hasan entließ, rief ihn seine Freundin Giulietta aus Italien an.

„Wann kommst du endlich wieder?“, hörte er sie jammern, nachdem sie ihm lautstark eine längere Litanei gehalten hatte.

„Keine Ahnung!“, schnaufte er, als er endlich zu Wort kam, „hör mir auf! … Fang nicht du auch noch an!“, fuhr er sie an.

Als er nichts mehr hörte, schob er verzweifelt, „hallo … hallo bist du noch dran?“, nach; aber Giulietta hatte bereits aufgelegt.

Wütend knallte er das Handy auf den Tisch. Das hatte ihm noch gefehlt. Das die auch noch herum zickte. War das alles seine Schuld?

Als er das Polizeirevier verlassen wollte, klingelte das Telefon. Ein Kunde von Kerim hatte von dem Zeugenaufruf erfahren und wollte vorbeikommen.

„Ich weiß nicht, ob Sie das interessiert, aber die beiden Brüder haben oft gestritten. Einmal hatte Oktay sogar mit Mord gedroht … aber ich habe das alles nicht ernst genommen.“

„Wissen Sie, in solche Familienstreitigkeiten mischt man sich besser nicht ein. Man versteht die Gepflogenheiten dieser post-osmanischen Kultur ja nicht, … aber bei meiner letzten Rasur war Oktay recht hitzig gewesen. Und wissen Sie, der hatte sogar einen Waffenschein!“, feixte der Kunde, setzte sich daraufhin auf, schaute den Kommissar ernst an und prustete dann los.

„Na solange, er mich nicht aus Versehen mit seiner Rasierklinge abmurkst“, grölte er weiter und schlug sich auf die Schenkel.

„Vielen Dank, Sie haben mir sehr geholfen!“

Als der Zeuge sein Büro verließ, nahm Haslinger sofort den Telefonhörer ab und wählte. Das reichte für einen Hausdurchsuchungsbefehl.

Als der Durchsuchungstrupp am nächsten Tag, die Wohnung von Kerims Familie auf den Kopf stellte und nichts fand, hatte der Kommissar endgültig genug und brüllte los.

„Rücken Sie sofort die Pistole und den Waffenschein heraus!"

Da sah er, wie Ahmed die Wohnung verließ, nach einer Weile mit einem Zettel wieder zurückkam und ihn Haslinger hinhielt.

„Hier, der Waffenschein. Er war Sportschütze."

„Und die Pistole?"

„Wissen wir nicht."

Haslinger riss ihm den Zettel aus der Hand und stürmte aus dem Haus.

Die Zeit war abgelaufen. Er war so nah dran gewesen. Die Profiler-Schulung oder Bayern standen vor der Tür. Wie sollte er das bloß Giulietta beibringen. Eine Strafversetzung. Sie war so stolz auf ihn gewesen. Aber jetzt war eh schon alles egal. Nach dieser Szene.

Er ging ins Polizeipräsidium und sah, im Vorbeigehen in der Asservatenkammer, eine Beretta herumliegen.

„Ach die, die hat die Müllabfuhr abgegeben … hatten sie vergessen", sagte sein Kollege und zog sich einen Espresso aus dem Automaten.

„Warum sagt mir das keiner!", schrie Haslinger, „bin ich Luft?"

Der Beamte drehte die Augen zur Decke.

„Ist nichts dran an der Pistole, haben wir schon überprüft", schob dieser gelangweilt nach, während er den geleerten Pappbecher in den Mülleimer kickte.

„Das werden wir ja sehen", grunzte Haslinger. Er bugsierte den Kollegen in sein Büro, holte ein Plastiktütchen mit Zigarettenstummeln aus seiner Manteltasche hervor und knallte es auf den Tisch.

„Hier nochmals prüfen mit dieser DNA und auch das Handy", zischte er, „aber dalli".

„Du bist nur leider nicht mehr zuständig", schnalzte der Polizist mit der Zunge.

Herr Haslinger knallte die Faust auf den Schreibtisch.

„Hier ist Gefahr im Verzug, Mann!"

Am Abend bei der Neueröffnung des Barbiersalons, den jetzt Hasan übernahm, füllte sich Herr Haslinger inkognito ein Sektglas, während sich Hasan und Oktay in Hörweite unterhielten.

„Endlich ist die Ehre der Familie wieder hergestellt!", brüstete sich Hasan und stieß mit Oktay an.

In dem Moment drehte sich Hasan instinktiv um und schaute Haslinger direkt in die Augen. Dieser prostete ihm zu. Daraufhin nahm er eine Serviette und steckte schnell Oktays geleertes Glas, das dieser auf dem Büfett abgestellt hatte, ein und düste ab.

Am nächsten Tag gab er das Glas der Spurensicherung. Die folgenden Ergebnisse waren eindeutig.

Daraufhin mobilisierte der Kriminalhauptkommissar seine Kollegen und marschierte zum Barbierladen. Dort sahen sie von draußen Cem im Laden stehen. Ein Kollege in Zivil spazierte hinein und setzte sich auf einen freien Frisierstuhl. Hasan und Oktay kamen in diesem Moment aus dem Nebenraum. Haslinger hielt es von weitem nicht mehr aus. Er stürmte mit seinem linken hinkenden Bein in den Laden und hielt beiden die Pistole in einem Plastikbeutel hin.

„Kennen Sie die?“

Hasan und Oktay sahen ihn erschrocken an, schüttelten den Kopf und wollten fliehen, aber ein Kollege kam von hinten und hinderte sie daran. In Sekundenschnelle hatte Haslinger Oktay Handschellen angelegt.

„Ich verhafte Sie hiermit wegen Mordverdachts an Kerim.“

„Ich bin unschuldig“, kreischte Oktay und trat nach ihm.

„Zwecklos! Ihre Fingerabdrücke sind auf der Pistole“.

Danach legte er ebenso Hasan Handfesseln an, der sich strampelnd wehrte.

„Und Sie sind wegen Beihilfe dran! Die DNA Ihrer Zigarettenstummel ist mit denen auf Kerims Handy identisch! … übersehen was?“

Die Kollegen führten sie ab. Oktay bekam eine mehrjährige Gefängnisstrafe wegen Heimtücke und Hasan wegen Beihilfe zum Mord.

„Haslinger, da haben Sie aber nochmal Glück gehabt“, gratulierte ihm der Staatsanwalt und überreichte ihm den Urlaubsantrag.

Der Kommissar unterschrieb ihn erneut, klickte auf dem Bildschirm seines Computers herum und schob den Schreibtischstuhl heran.

„Schönen Urlaub und grüßen Sie mir Bella Italia“, schnurrte der Staatsanwalt, als sich Haslinger zum Gehen wandte, um noch mitleidig „und kurieren Sie ihr Bein“, hinterher zu schieben.

Daraufhin machte der Kommissar nochmal kehrt und nickte zu seinem Computer, wo ein italienischer Steckbrief zu sehen war.

„Nur so ein Tipp. Fühlen Sie mal diesem Ettore Scali auf den Zahn. Ich habe das Gefühl, der hat hier auch was am Laufen mit Herrn Bachstein. Erpressung oder so.“

Kurzgeschichten
Krimi
WeißeWeste
LuziePan
©LuziePan

Weiße Weste

Krimi-Kurzgeschichte

Widmung

Für Tugce Albayrak (gestorben am 28.11.14) für ihre Zivilcourage, für die sie erschlagen worden ist und für alle Mafia-Opfer.

Vorwort

Kommentar von Arno von Rosen (Thriller-Autor):

„Offensichtlich bin ich ein Anhänger der Kurzgeschichten von Luzie Pan, aber es ist nicht notwendig, da bei „Weiße Weste" wiederum das Talent der genauen Beschreibung zu Tage tritt. So befindet sich der Leser bereits nach wenigen Sätzen mitten im Geschehen, und kann es kaum erwarten, den Fortgang der Story zu erfahren. Wieder schafft es die Autorin die Charaktere der Handlung präzise zu beschreiben, lässt aber genug Spielraum, um eine eigene Version der Geschichte im Kopf laufen zu lassen. Es wird auf langatmige Zwischensätze ebenso verzichtet, wie auf den Hinweis auf viele Klischees, die sich zwar anbieten würden, aber für die Spannung nicht wichtig sind. Kurzum, es ist ein Lesevergnügen."

Kommentar von Daniel Mattes (Thriller-Autor):

„Die junge Autorin Luzie Pan erhebt ihre Kurzkrimis zur Kunstform. Reduziert auf das Wesentliche und ohne unnötige Ausschmückungen erzählt sie ihre Geschichten. Die Reduktion auf das absolut Notwendige lässt dem Leser viel Raum für eigene Gedanken und Interpretationen. Für mich stellt „Weiße Weste" ein absolut gelungenes Erzähl- und Krimi-Experiment dar. Meine Empfehlung wäre, die Geschichte noch etwas auszubauen um der Handlung und den Charakteren noch ein wenig mehr Raum zur Entfaltung einzuräumen. Fazit: Großes Potential und absolute Leseempfehlung."

Bewertung meines Lektoren:

„Sie haben sich als Ermittler für den Sizilianer Antonio entschieden, der weil ihm die Polizei nicht glaubt, einen Mord aufklären muss. Zudem besteht für ihn die Gefahr, selbst unter Mordverdacht zu geraten. Damit haben Sie von vorne herein für eine ungemein spannende Konfliktsituation gesorgt. Der Drogenhandel trägt außerdem dazu bei. Treffend deshalb auch der Titel „Weiße Weste". Packend dann der Moment der Aufklärung. Es lohnt sich auf jeden Fall, den Stoff weiter auszubauen. Allein die oben erwähnten Handlungsstränge könnten mit plastischen Szenen, fesselnden Dialogen und jede Menge Action einen spannenden Roman abgeben. Das Ambiente als solches beinhaltet ein hohes Spannungspotential."

Kommentar eines Redakteurs, Texters, Journalisten und Krimi-Autors:

„Am besten sind dir die Atmosphäre und die Lebensläufe der Figuren gelungen. Vor allem von Ayse, die Tragödie von Aylin, die Träume und die Loyalität von Antonio. Da würde ich gerne noch mehr erfahren. Ich hatte auch das Gefühl, das dort deine eigentlichen Themen liegen, die dann den Grundstoff für einen Krimi bilden (können). Sehr schön hingegen finde ich das Drama, das dahinter steckt, die teils aufwühlenden, tragischen Lebensläufe. Ebenso die winterlich-düstere Atmosphäre kommt viel besser rüber, als bei dem „Barbier". Und sie gibt auch den passenden Rahmen für die am Mordfall desinteressierten Polizeibeamten, korrupt und drogensüchtig sind sie weit weg vom Freund-und-Helfer-Image. Diese düsteren Kreise ziehen sich dann bis zum Anwalt und damit in den Justizapparat selbst. Und am Ende stehen die Gangster mit beinahe weißer Weste da. Das ist herrlich deprimierend. Zum Glück kommt das eigentliche Opfer Aylin frei. Wenigstens ein Stück Gerechtigkeit. Diesen Strang der Story fand ich viel spannender als die eigentliche Krimihandlung. Das bewegt mich als Leser, lässt mich mitleiden und mitfühlen. Unbedingt ausbauen!"

Zitat

„Entweder: Der Baum ist gut –

dann sind auch seine Früchte gut.

Oder: der Baum ist schlecht –

dann sind auch seine Früchte schlecht.

An den Früchten also erkennt man den Baum.

Ihr Schlangenbrut, wie könnt ihr Gutes reden,

wenn ihr böse seid?

Denn wovon das Herz voll ist,

davon spricht der Mund."

(Mt 12,33-34 (NT))

Weiße Weste

Die Sanitäter trugen eine Krankenbahre die Kellertreppe eines türkischen Ladens hinunter. Dort suchte eine immer großflächiger werdende Blutlache ihren Weg auf dem Fertigbeton, bis sie schließlich versank. Es stank nach Schweiß. Währenddessen graute der Wintermorgen über Erfurts Altstadt. Es hatte aufgehört zu regnen und der geschmolzene Schnee verwandelte sich in schlammigen Matsch, den die Schneeräumfuhrwerke mit lautem Gedröhne bearbeiteten.

Die Spurensicherung fotografierte den leblos auf dem Boden liegenden Mann aus allen Winkeln. Aus seinem zur Seite gedrehtem Antlitz klafften Schürfwunden und auf dem Kopf eine riesige Platzwunde.

„Also wir haben 10.000 Euro in seiner Hosentasche gefunden!", sagte der Spurensicherer mit ausdruckslosem Gesicht zum Kommissar, der inzwischen eingetroffen war.

Der Spurensicherer schob sich mit dem Ärmel die Brille hoch und schnaubte, „keine Tatwaffe … bis jetzt."

Die Turmglocke schlug Punkt acht Uhr. Hunde bellten in der Ferne.

„Ich habe jetzt Feierabend!"

Er streifte seine Handschuhe ab, zog die weiße Montur aus und verließ das Ladengeschäft. Der Kommissar starrte ihm entgeistert hinterher.

Zwei Stunden vorher war der Sizilianer Antonio im Laden vorbei gekommen, um das Geld, das ihm Ahmet wie verabredet für seine Restauranteröffnung leihen wollte, abzuholen.

Nachdem er Ahmet im Laden gesucht hatte, fand er ihn auf dem Kellerboden. Bei seinem Anblick wurde er leichenblass, denn er sah wie frisches Blut aus seinem Kopf auf den Boden tropfte. Nach einem tiefen Seufzer rief er die Sanitäter und die Polizei an. Bis endlich der gesamte Trub angetrabt kam, hatte Antonio an die Hauswand gelehnt eine halbe Packung Zigaretten aufgeraucht. Er qualmte die letzte Kippe vor sich hin und tippelte auf und ab, als er sah, wie die Mannschaft mit quietschenden Reifen nacheinander vor ihm anhielten und den Laden betraten.

„Eine Arbeitsauffassung ist das!“, schüttelte er den Kopf und schnippte die Kippe weg.

Inzwischen war Ahmet verblutet. Die Sanitäter hätten ihn womöglich noch retten können. Antonio schnaufte und dachte an einen Freund, der auch so gestorben war, und dessen Mörder nie gefunden wurde. Es schauderte ihn.

Der Regen fing wieder an und die Räumfahrzeuge zogen von dannen; sie hatten den Kampf aufgegeben.

Antonios Freundin Aylin, eine Rechtsanwältin, die er bald heiraten wollte, hatte ihn gegenüber vom Gemüsehändler aus in Ahmets Laden gesehen. Jetzt kam sie hastig herüber gelaufen.

Als der Verblutete auf einer Bahre in den Sanitäter geschoben wurde, traf Antonio ihr entsetzter fragender Blick. Antonio starrte jedoch fassungslos dem Rettungswagen hinterher.

Als die Spurensicherung längst ab gedüst war, baute sich der Kriminalkommissar breitbeinig und mit durchgestreckter Brust vor Antonio auf und stellte „Standard-Fragen". Antonio hatte den Ermordeten gefunden, somit war er verdächtig.

Regen tropfte von der Dachrinne vor dem Haus. Platsch! Platsch! Platsch!

Langsam schüttelte Antonio den Kopf. Der Kommissar musterte ihn abwartend und strich sich über das Kinn.

Kalte Luft machte sich im Laden breit, denn die Tür stand immer noch sperrangelweit auf.

„Nein, Ahmet hatte keine Feinde … oder doch?", gab Antonio tonlos, mehr zu sich selbst, von sich und stierte vor sich hin. Er schüttelte sich und schaute Haslinger ernst in die Augen.

„Naja, Arturo mein Chef, der nebenan eine Pizzeria hat", er nickte mit dem Kopf nach rechts, „beklagte sich schon ab und zu, aber die Türken sind doch keine Konkurrenz!", lachte er unsicher auf.

Er versuchte ein Lächeln und schüttelte wieder den Kopf.

„Ich verstehe das alles nicht!", schnaubte er.

Als er sah, wie sich nach einem tiefen Atemzug der Kommissar Aylin, die in der Ecke saß und der Tränen über die Wangen kullerten, zu wandte, lief er zu ihr und legte ihr den Arm schützend um die Schultern.

Ein Motor heulte auf, als ein Auto an der Ampel vor dem Laden abfuhr und eine Abgaswolke hinterließ, die in das Geschäft wehte. Der Kommissar hielt kurz inne, zuckte die Schultern und verkündete mit spitzem Mund einem Polizisten, der bereits halb auf dem Bürgersteig stand und Rauchwölkchen in die Luft blies:

„Gehen wir. Hier gab es Stress in der Community, Revierverteidigung, da mischen wir uns lieber nicht ein.", und verließ schmunzelnd den Laden.

Auf der Straße angekommen, stieß ihn der Polizist in die Seite.

„Vielleicht war es ja Miled, Ahmets Neffe … hatte wohl Ahmets Tochter schöne Augen gemacht!"

Dabei rollte er mit den Augen und machte einen großen Satz, um mit dem Kommissar Schritt zu halten und nicht in die Matschpfützen zu landen.

Die Polizei war nicht an der Aufklärung interessiert, weil sie kein Aufsehen erregen wollte, deshalb tippte sie offiziell auf Ehrverletzung, verdächtigte pauschal Miled und wollte den Fall einstellen. Ahmet hatte zwar keine Tochter, aber das war der Polizei egal, hier war eh jeder mit jedem verwandt. Mit diesen kulturellen Streitigkeiten konnten sie nichts anfangen. Sie sahen vorzugsweise so lange weg, bis eine Straftat nach deutschem Recht vorlag. Es gab aber noch einen anderen Grund: Sie wurden selbst bestochen.

Unterdessen verließ Antonio mit Aylin das Lebensmittelgeschäft. Da kam Ayse, Aylins Mutter auf sie zu geeilt. Sie war völlig aufgelöst und deutete auf die Polizeiwagen und die Absperrung vor Ahmets Laden hin. Aylin versuchte, sie zu beruhigen.

Als am nächsten Tag, Antonio Arturos Pizzeria betrat, schwappten ihm Pizzageruch und markerschütterndes

Geschrei entgegen. Mit schwingenden Hüften näherte er sich der Küche. Die Stimmen wurden immer lauter.

„Du Idiot, halt die Klappe! Willst du, dass das Ganze auffliegt? Womöglich wissen bereits alle von deiner Mafia-Killer-Vergangenheit! Wer weiß, wie lange der Anwalt noch dicht hält!“, donnerte es aus Arturos Mund, der plötzlich verstummte, als Antonio an die Küchentür pochte und sie öffnete.

Daraufhin marschierte er an Migu vorbei, der rhythmisch Pizzateig knetete, in die Luft warf, wieder auffing und Antonio dabei spöttisch zuraunte:

„Na, wollten wir Schulden eintreiben bei Ahmet?“

„Was für Schulden? Du spinnst wohl! Außerdem geht dich das einen Scheißdreck an!“, konterte Antonio aufgebracht.

Dann öffnete er angenervt den Kühlraum. Als er wieder an Migu vorbei musste, klopfte ihm dieser lachend auf die Schulter,

„Naaaa“, und fing an los zu prusten.

Arturo stimmte in Migus verächtliches Gelächter ein. Sie bogen sich vor Lachen, wobei ihre weißen Zähne um die Wette glänzten. Zuerst behielt Antonio noch die Fassung. Dann fixierte er Migu, danach Arturo.

Jetzt reichte es ihm! Er knallte den Gemüsekorb auf die Anrichte und schritt hocherhobenen Hauptes aus der Küche. Mit Arturos dubiosen Machenschaften wollte er nichts zu schaffen haben.

„Ich kündige“, rief er seinen Kollegen, die ihm mit offenen Mündern nachstarrten, hinterher.

Insgeheim dachte er: Ich muss sie, egal wie, zur Strecke bringen. Die steckten doch alle unter einer Decke. Hier ist irgendetwas faul.

Draußen wehte ihm kalte reine Luft entgegen, während er die Tür der Pizzeria hinterrücks zuschlug.

Nachdem der Rechtsanwalt Herr Grünwald zwei Tage vorher die Kanzleitür hinter sich sorgfältig zugeschlossen hatte, war er an Ahmets Laden vorbei spaziert, um Gemüse für seine Frau zu kaufen. Nebenbei hatte er sich erkundigen wollen, wie die Geschäfte so liefen. Denn die Schweigegeldzahlungen von Ahmet an ihn waren ins Stocken geraten.

„Eventuell hat es ja Probleme gegeben, auf der Schmuggelroute durch die Türkei, über die das Heroin und Haschisch transportiert wird“, grübelte er, als er den Laden betreten hatte, aber keinen Ahmet vorfand.

Vor der Pizzeria lümmelte Miled herum, zog an seiner Zigarette und schrieb Kreise in die Luft. Als er Antonio aus dem Augenwinkel bemerkte, polterte er los:

„Wolltest mit unserem Geld durchbrennen was? Hast Ahmet deshalb gleich umgelegt? … du undankbarer Verräter! … und mit dir wollte ich ein Restaurant aufmachen. Was hat mich da nur geritten!“

Er spukte verächtlich auf den Boden. Daraufhin trat er die Kippe auf diesem aus und stolzierte davon. Ein Auto startete neben ihm und hinterließ eine Abgaswolke.

„Blödmann! Ich bin doch kein Mörder! Verräter schon gar nicht! Schließlich hab ich die Zehntausend Riesen nicht mal angefasst!“, brüllte ihm Antonio hinterher und gestikulierte wild mit dem linken Arm herum.

Migu blieb stehen und drehte sich nochmals um.

„Ach? Und warum sind sie jetzt verschwunden?“, schrie er ihm zu.

„Was weiß denn ich? Bin ich die Polizei?“, zeterte Antonio.

Er fühlte sich in jeder Hinsicht in seiner Ehre verletzt. Dieser türkische Hurensohn war komplett durchgedreht. Er musste beweisen, dass er kein Mörder war und den Mörder finden, sonst schwärzte ihn Miled bei der Polizei an und er landete unschuldig im Gefängnis. Er traute jetzt Miled, diesem Hornochsen, alles zu.

Früher hatte Antonio mit ihm einen Sprachkurs besucht. Sie hatten sich damals auf Anhieb verstanden. Dann hatte Miled ihn ermuntert, gemeinsam mit ihm ein Restaurant mit sizilianisch-türkischer Küche zu eröffnen.

Ein Hund schnüffelte im Vorbeilaufen an seinen Schuhen und holte ihn wieder in die Realität zurück, während er mit hängenden Schultern den Heimweg antrat.

Nachdem Ahmets Leiche von der Gerichtsmedizin freigegeben war und seine Beerdigung anstand, sah Antonio das erste Mal eine Moschee neben dem muslimischen Friedhof. Antonio fragte sich, wie so ein Prunkbau auf die Beine hatte gestellt werden können. Die Stadt war total verschuldet. Bei der Zeremonie, bei der nur Männer anwesend waren, pries der Imam, Ahmet in den höchsten Tönen als einen großzügigen Spender für den Bau der Moschee.

„Komisch. Ahmet hatte nur einen kleinen Imbiss mit Gemüseverkauf", rätselte Antonio, als er sah, wie der Sarg mit dem Leichnam langsam in das Grab heruntergelassen wurde.

Die hinten stehenden Männer regten sich über den hölzernen Sarg auf, der der islamischen Tradition widersprach. Tote beerdigte man nach ihren Gepflogenheiten in Leinentüchern. Was in Deutschland jedoch nicht gestattet war.

Antonio fand es von Anfang an seltsam, dass Ahmet, Mileds Onkel, ihnen so viel Kapital, für die Restauranteröffnung, hatte leihen wollen. Aber er brauchte das Geld und hatte nicht über seine Herkunft nachgedacht.

Die Umma (muslimische Gemeinde) erzählte Antonio von Ahmets angeblichem Sinneswandel und seiner ernsthaften Zuwendung zum muslimischen Glauben, wofür er alles gab, was die Moschee betraf.

Herr Grünwald stellte in den folgenden Tagen fest, dass die Schweigegeldzahlungen an ihn weiter ausblieben, und wurde langsam nervös. Das Geld war für die Kanzlei einkalkuliert. Er hatte große Pläne. Wenigstens hatte er das Schweigegeld von Arturo für Migus Ex-Mafiakiller-Existenz noch, aber das reichte nicht.

Vor dem offenen Bürofenster sangen Vögel, deren Gesang zeitweise vom Poltergeräusch der Straßenbahn übertönt wurde. Nervös knabberte er an seinem Kugelschreiber, während er ab und an Akten unterschrieb. Er stand auf und schloss das Fenster. Irgendetwas musste er unternehmen. Da klopfte es an der Tür. Putzwasserplätschern drang von draußen an sein Ohr. Er schritt zur Tür und öffnete sie. Draußen wartete Ayse. Ihre Putzschicht stand bevor.

Kurz darauf belauschte Antonio zufällig beim Öffnen der Hintertür der Pizzeria ein Gespräch zwischen Arturo und Migu, als er seinen restlichen Lohn einfordern wollte. Es ging um Drogen. Drogen, die nicht kamen. Er runzelte die Stirn. Da ging ihm ein Licht auf. Er biss sich auf die Lippen und machte kehrt. Wild entschlossen fuhr er mit dem Bus zur Polizei, um ihnen das Belauschte kundzutun. Außerdem verdächtigte er jetzt Miled als Mörder. Der wollte sich möglicherweise Ahmets Laden bemächtigen, musste ihn dabei aus dem Weg räumen, weil er ertappt wurde.

An der Haltestelle angekommen, stob ihm Blumenduft aus einem Floristikladen entgegen. Er dachte an Aylin.

Auf dem Revier lachte ihn der Polizist aus. Für so was hatten sie keine Zeit. Ihnen fehlten die Mittel. Umfassende Stellenkürzungen.

„Keine Zeit? Keine Mittel?"

Antonio zog fassungslos von dannen. Draußen vor dem Polizeirevier stockte er. Er konnte nicht glauben, dass die Ordnungshüter tatenlos zusahen. Es ging hier doch um Mord und sie stellten die Ermittlungen ein! Drogenhandel war kein Kavaliersdelikt! Antonio nahm einen Zug aus seiner Zigarette, die er sich beim Verlassen des Präsidiums angezündet hatte, und drückte sie wieder aus.

Auf dem Weg zum Bus kaufte er Blumen. Im Bus traf er zufällig Ayse. Mit Küsschen auf beide Wangen begrüßte er sie und setzte sich zu ihr. Da erzählte sie ihm besorgt von Herrn Grünwald, der sehr aufgeregt war. Antonio schaute sie stumm an. Er sah, wie ihr Blick auf den Blumenstrauß fiel, den er in der Hand hielt und sie lächelte. Vor der Haustüre schnappte er behände ihre Einkaufstaschen und trug sie nach oben in den dritten Stock.

Inzwischen nötigte Arturo Miled wieder in den Drogenhandel einzusteigen. Miled hatte früher auch Geld gewaschen und für Drogenbesitz sogar im Gefängnis gesessen. Danach wollte er ein ordentliches Leben führen und lernte richtig Deutsch. Er weigerte sich jedoch wieder mitzuspielen. Denn er strebte nach wie vor danach, ein ehrlicher Mann zu werden. Aber er wollte es sich mit Arturo nicht verscherzen. Andererseits durfte das Ansehen von Ahmet seinem Onkel auf keinen Fall beschmutzt werden. Familienehre. Nichts über den Drogenhandel durfte die Bevölkerung erfahren. Er saß zwischen den Stühlen.

Die Ermittlungen wurden von der Polizei nun vollständig eingestellt, da es sich ihrer Meinung nach um ein ethnisches Kriminalitätsdelikt mit Todesfolge handelte. Da hätten sie nichts zu suchen, das ginge sie nichts an. Aus die Maus. Sollten sie sich doch untereinander umlegen, was störte das die Polizei? Die deutsche Öffentlichkeit interessierte das nicht. Außerdem wäre das schlecht für die Statistik.

Was Antonio nicht wusste war, dass die Wahrheit anders aussah: Die Polizei war nicht nur desinteressiert und führte eine schlampige Beweismittelaufnahme, weil sie sich bestechen ließ, sondern sie ermittelte ungern im Drogen-Umfeld, da sie dort zuweilen selbst Drogen bezog. Wie sollte man ein Polizistenleben denn sonst ertragen. Diese Quellen durften keinesfalls versiegen. Ohne Bestechungsgelder konnte man den Lebensstandard doch nicht halten.

Oben in der Wohnung angekommen ging Antonio nochmals los. Ayse wollte mit. Er hatte etwas vergessen und sie lief ihm hinterher. Antonio beabsichtigte in Ahmets Laden nach seinem Handy zu suchen, das er dort verloren hatte. Als sie beim Laden ankamen und in das Geschäft eintraten, stieß Antonio aus Versehen ein paar Kästen um und hielt auf einmal eine Tüte mit weißen Pulverresten in den Händen. Er tippte mit seinem Zeigefinger hinein und steckte ihn in den Mund.

„Heroin!“, dachte Antonio.

Das war kein Puderzucker! Er runzelte die Stirn. Ach, Ahmet war Dealer! Ihm fiel ein, was Arturo zu Migu gesagt hatte. Drogenhandel! Aber warum musste Ahmet sterben? Es wurde immer komplizierter. Ayse schaute ihn verwirrt an.

„Was ist das?“

„Ach nichts!“

Ayse zog die Schultern hoch und runter und verließ den Laden Richtung Gemüsehändler auf der anderen Straßenseite.

Dieses Mal ging Antonio nicht zur Polizei; diese interessierten sich ohnehin nicht für den Drogenhandel. Überhaupt: unsympathische Zeitgenossen. Gedankenversunken trottete er nach Hause. Plötzlich quietschten Reifen neben ihm. Er hatte die rote Ampel übersehen. Zu Tode erschrocken schlurfte er weiter und stieß mit einem Mann zusammen, der ihm eine Bierfahne entgegen blies.

Als Aylin beim Abendessen über einen Klienten ihres Chefs Herrn Grünwald plapperte, wurde Antonio hellhörig. Er erkundigte sich daraufhin, ob es sich um Migu handelte und erzählte ihr, was er belauscht hatte. Aber sie meinte nur lapidar: Resozialisierungshilfe. Antonio runzelte die Stirn, stocherte in seinem Teller und musterte Aylin eindringlich. Warum nahm Aylin ihren Chef und Migu in Schutz?

Als Ayse die komischen Gesichter sah, fragte sie:

„Was ist Resozialisierungshilfe?“

Aylin winkte ab.

„Ach nichts Anne (Türkisch für Mama)! Hol mal bitte die Manta (eine Art türkische Tortellini)!“

Ayse stand auf und ging. Antonio fing an zu kombinieren, wenn Ahmet Arturo keine Drogen mehr verkaufte, hatte Arturo weniger Geld. Die Prozente, die er höchstwahrscheinlich beim Weiterverkauf dafür erbeutete und die er nicht investieren konnte, um sie zu waschen. Womöglich hatte Arturo Ahmet umgebracht, weil er nicht mehr mitspielte. Arturo war bei der Tat ertappt worden und wusste vermutlich gar nichts von dem Geld in den Hosentaschen. Antonio wurde nicht schlau daraus. Das mit dem Bestechungsgeld, das vermutlich floss, ließ ihm keine Ruhe? Was passierte, wenn sich Herr Grünwald nicht mehr von Arturo bestechen ließe und ausstieg? Büßte er dann seine Zulassung ein? Verlor Aylin auch ihren Job? Seine Freundin verstrickt in Schmiergeldaffären? Oh Dio!

Er erhob sich, verließ das Esszimmer ging in die Küche und nahm sich ein Bier aus dem Kühlschrank. Zurück am Esstisch sah er, dass ihn Aylin schweigend beobachtete, während sie in der Manti herumstocherte, die ihr Ayse hingestellt hatte. Dann deutete sie an, dass Ahmet hatte aussteigen wollen, weil er sich besonnen hatte und ein guter Moslem werden und keine krummen Dinger mehr drehen hatte wollen, als er ihren Blick traf. Komisch. Das hatte er schon mal gehört. Aber woher wusste sie das alles? Antonio war sehr verwirrt. Dann war es doch Arturo. Den musste er sich sowieso noch einmal vorknöpfen.

Als Ayse aus der Küche kam, schwärmte sie, dass der Gemüsehändler ein so netter, ehrbarer Mann war, so anständig - obwohl er Grieche war – und er ihr ein Pfund griechischen Schafskäse geschenkt hatte, den sie ihnen stolz servierte.

Antonio war vor Jahren nach Deutschland gekommen, um dort sein Glück zu suchen. Zuerst ging er nach Berlin und arbeitete dort auf dem Bau. Ein Freund hatte ihm dann einen Job als Koch in Arturos Pizzeria in Erfurt vermittelt. Er lernte deutsch und führte den Job immer gewissenhaft und pflichtbewusst aus, fast wie ein Deutscher. Er hatte schon immer den Traum von einem eigenen Restaurant. Eines Tages aß Aylin bei ihm und sie verliebten sich. Bald darauf zog er bei ihr ein.

Am nächsten Tag versuchte Antonio erneut, zu seinem Lohn zu kommen. Fehlanzeige! Arturo war angeblich pleite, aber Antonio glaubte ihm kein Wort. Er schmetterte die Faust auf die Theke an die er sich gelehnt hatte, so dass alles wackelte, was darauf stand, während Arturo entspannt einen Espresso brühte. Antonio funkelte ihn wütend mit seinen Augen an und fühlte sich von jedermann hintergangen. Daraufhin richtete Arturo seelenruhig die umgekippten Zuckerstreuer wieder auf, goss den Espresso in ein Tässchen und drehte ab. Voller Wucht knallte daraufhin die Tür ins Schloss, als Antonio die Pizzeria, ohne Arturo eines Blickes zu würdigen, verlassen hatte.

Kurze Zeit später sah er Aylin von weitem mit ihrem Chef turtelnd die Straße Richtung Kanzlei überqueren. Jetzt war das Fass voll! Er stürmte ins Anwaltsbüro. Aber im Büro war niemand. Wo waren sie hin? Der Wasserhahn tropfte. Er drehte ihn zu. Das Ayse nie den Hahn zudrehte. Er fühlte sich verantwortlich dafür, dass sie ihren Job nicht verlor, wegen verursachter erhöhter Wasserrechnungen. Sie war so vergesslich.

Da entdeckte er auf dem Schreibtisch von Herrn Grünwald eine Akte und blätterte darin. Langsam dämmerte es bei ihm. Hinter ihm vernahm er Türenknarren. Er drehte sich um und Herr Grünwald stand vor ihm. Er verließ wortlos die Kanzlei.

Abends wartete unverhofft der Kommissar vor Antonios Haustür. Neue Zeugen hatten sich gemeldet. Aylin musste eine Aussage machen und wurde abgeführt. Antonio schaute ihr grübelnd hinterher und brütete: Was würde sie dem Kommissar erzählen? Was wusste sie, was sie vor ihm verheimlichte? Warum vertraute sie ihm nicht mehr? Was waren das für Zeugen? Er wollte mit, aber es wurde ihm verwehrt.

Antonio ließ nicht locker und marschierte am nächsten Tag zu diesem berühmten Gemüsehändler gegenüber von Ahmets Laden, von dem Ayse erzählte hatte.

„Natürlich habe ich was gehört, war ja laut genug. Ich bin froh, dass die Bestie endlich tot ist … wurde Zeit!", tönte es aus dem Mund des Händlers, der kräftig an der Plane vor seinem Laden rüttelte, bis sie endlich einrastete.

„Aber was denn?"

Der Grieche betrachtete Antonio aus den Augenwinkeln und formte den Mund zu einer Schnute.

„Na, das fragen sie die junge Dame besser selbst! Ich mische mich da nicht ein! Das gibt nur Ärger!", beendete er abrupt das Gespräch und stolzierte salutierend in seinen Laden. Dabei wandte er sich nochmals um.

„Ach, grüßen Sie schön Frau Ayse!"

Am nächsten Tag wurde Aylin auf offener Straße angeschossen. Sie hatte gerade das Polizeirevier verlassen, wo man sie über Nacht festgehalten hatte. Sie überlebte um ein Haar die sofortige Notoperation. Der Täter wurde nicht gefasst. Antonio verdächtigte Arturo; lauerte ihm vor der Pizzeria auf, verabreichte ihm ein Veilchen und drohte ihm, dass er, falls Arturo noch einmal seiner Freundin zu nahe kommen sollte, zur Polizei ginge, denn er wüsste über seine krummen Geschäfte Bescheid. Arturo gab vor, dass er keinen Schimmer hatte, wovon er sprach. Er hatte damit nichts zu tun und lachte ihn aus.

„Pass auf, was du sagst, am Ende hast du selbst noch eine Mörderin im Haus“, grinste er ihn süffisant an und sperrte die Pizzeriatür auf.

„Beleidige meine Freundin nicht, du Mistkerl!“, schrie Antonio ihm nach, als Arturo schon in der Pizzeria verschwunden war.

Zwei Wochen später bohrte Antonio erneut bei Aylin nach, die inzwischen aus dem Krankenhaus entlassen worden war. Dabei sah er zu, wie sie langsam ein Wattebäuschchen in den Mülleimer warf und sich ihm darauf zuwandte, wobei sie sich mit schmerzendem Gesicht den Bauch hielt. Ja, sie wäre im Laden gewesen, stöhnte sie. Sie wollte Ahmet überreden noch einmal mitzuspielen, solange bis Herr Grünwald in den schwarzen Zahlen war, gab sie zu. Denn Ahmet tat ja so, als sei er jetzt zu einem gläubigen Muslim mutiert. Sie wollte diesen Job nicht verlieren, denn kürzlich hatte Herr Grünwald sie für die Staatsanwaltschaft vorgeschlagen und jetzt war sie befangen. Als sie aus dem Laden kam, postierte sich plötzlich Migu vor ihr.

„Migu?“, wunderte er sich.

Sollte dieser sie erinnern, wegen der Bestechung die Klappe zu halten? Oder was war hier los?

Er schaute ihr zweifelnd hinterher, während sie auf dem Absatz kehrt machte und das Badezimmer verließ.

„Soll ich dich morgen zur Arbeit begleiten Schatz?“, rief er ihr versöhnlich zu.

Aylins Mutter Ayse war als Fabrikarbeiterin nach Deutschland gekommen, nachdem schon einige ihrer Brüder hierher immigriert waren. Eines Tages putzte sie in der Kanzlei von Aylins Vater. Später heirateten sie, trotz heftigen Protest ihrer Brüder, die ihr mit Ausstoß aus der

Familie drohten. Sie heirateten trotzdem. Er war schließlich Anwalt. Letztes Jahr war Manfred an einem Herzinfarkt gestorben. Die Familien ihrer Brüder wollten sie wieder aufnehmen, aber sie wollte zu ihrer Tochter.

Sie hatte Angst, dass sie als verwitwete Frau von ihren Brüdern mit einem kürzlich verwitweten Cousin verheiratet wurde, um die Familienehre zu retten. Inzwischen reinigte sie Herrn Grünwalds Kanzlei, bei dem sie Schutz suchte.

Herr Grünwald saß vornübergebeugt an seinem Schreibtisch, als Ayse das Büro betrat. Auf dem Pult lag ein Brief. Sie öffnete ihn:

„DAFÜR, DASS DEINE SCHLAMPE NICHT DIE KLAPPE HALTEN KANN“

stand da.

Als sie jetzt das vertrocknete Blut, das von seinem Nacken getropft, auf seiner Hose gelandet war, erkannte, fing sie gellend an zu schreien. Die Kugel hatte sein Genick durchbohrt. Plötzlich stand Aylin neben ihr, sah ihren toten Chef und ihr Blick fiel auf den Zettel. Sie wurde kreidebleich. Dann hastete sie in ihr Büro und rief zitternd die Polizei an. Als sie wieder aus ihrem Dienstzimmer kam, stand unverhofft Antonio, der ihr heimlich gefolgt war, vor ihr und sah sie fordernd an. Zuerst wich sie ihm aus, dann brach sie zusammen und sank in seine Arme. Sie hörte gar nicht mehr auf zu heulen und zitterte am ganzen Körper. Antonio führte sie zu einem Stuhl. Nach einer Weile setzte sie sich auf. Antonio gab ihr ein Taschentuch.

„Was ist passiert? Willst du mir nicht endlich die Wahrheit sagen?“

Sie schnäuzte und räusperte sich.

Ängstlich wandte sie sich ihm zu und schaute in seine haselnussbraunen Augen, die ihr ermutigend zunickten.

„Ach, wenn du wüsstest … Ahmet hat mich mit dreizehn Jahren mehrmals sexuell missbraucht …!“, jammerte sie.

Ihr stockte der Atem.

„Aaaaber … mein Vater hatte mich davor bewahrt, ihn heiraten zu müssen … du weißt schon islamisches Recht, meine türkischen Onkel. … Die Bedingung war, dass mein Vater die Anzeige zurücknimmt. Es wurde ein Mantel des Schweigens darüber gebreitet. Jahrelang!“, schnaufte sie.

„Dieser Dreckskerl wurde niemals zur Rechenschaft gezogen!“, flüsterte sie.

Antonio schaute sie fassungslos an und nahm instinktiv ihre Hand. Aylin zitterte immer noch, dann setzte sie sich aufrecht.

„Die Sache ist inzwischen verjährt. Aber ich habe das nicht vergessen. … Ich habe später einen Deutschen geheiratet. Der ist bald danach bei einem Verkehrsunfall tödlich verunglückt. Fahrerflucht.“

Aylin stöhnte. Antonio streichelte ihre Hand, legte einen Arm um sie und drückte sie an sich.

„Dann hatte ich die Nase voll von Deutschland. Ich lernte italienisch und arbeitete zwei Jahre in Mailand. Aber als der Vertrag auslief, kam ich zurück. Dann habe ich dich kennengelernt.“

Sie löste sich aus der Umarmung und schaute ihn abwartend an, bis sie weiter sprach. Besorgnis las sie in seinem Gesicht.

„Als Ahmet den Laden neben Arturo eröffnete, kochte in mir alles wieder hoch, denn er begann mich permanent zu provozieren. Ich sann nur noch auf Rache!“

Die Blässe aus Aylins Gesicht war gewichen. Es verzerrte sich jetzt rot vor Hass. Sie schnaufte tief. Antonio strich ihr verständnisvoll über den Arm und schaute sie eindringlich an.

„Zuerst wusste ich nicht, dass Ahmet der Geschäftspartner eines Mandanten meines Chefs war: Arturo. Ich wusste auch nicht, dass Arturo meinen Chef dafür bezahlte, dass er seinen Mund hielt ..., dass er das Schweigegeld für die aus der Türkei eingekauften Drogen von Ahmet steuerlich unter Kapitalanlagen „verbuchte“ … und dass Arturo das erhaltene Geld beim Verkauf der Drogen in die Sanierung ganzer Straßenzüge von Erfurt investierte und so seine Weste sauber hielt. … Aber irgendwann bekam ich es mit … ich saß zwischen den Stühlen.“

Hilfesuchend betrachtete sie ihn.

„Hätte ich zur Polizei gehen sollen und meinen Chef verpfeifen? Oder wussten die das längst? … Als Herr Grünwald mich ermutigte, meinen Fall neu aufzurollen, da sich inzwischen die Gesetzeslage geändert hat, ließ ich davon ab. Alleine hätte ich nie die Kraft gehabt, diese ganze Geschichte nochmal zu durchleben. Ich brauchte ihn. … Mein Bedürfnis nach Gerechtigkeit war größer, als die politische Korrektheit meines Chefs. Aber andererseits wollte ich nur noch Rache, das Schwein sollte endlich büßen. Ich war hin und her gerissen. Jetzt, wo Ahmet tot war, hatte ich Angst jemand, der von dem Drogendeal profitiert hatte, würde dahinter kommen, dass ich an allem schuld war, und könnte sich an mir rächen. Deshalb versuchte ich alles zu vertuschen, als ich sagte, dass Ahmet ein gläubiger Muslim geworden war."

Antonios Blick wurde immer trauriger.

„Ich wollte dich da nicht mit hineinziehen. Glaub mir."

Antonio schlug die Hände vor sein Gesicht.

„Madonna! Aylin hast du ihn …"

In diesem Moment hörten sie plötzlich ein Geräusch und ihre Köpfe drehten sich Richtung Türe. Da sahen sie den Kommissar im Türrahmen stehen. Sie hatten ihn gar nicht kommen hören.

Aylin gab jetzt offiziell zu, dass sie ausgerastet war, als Ahmet wieder versuchte sie anzutatschen und ihn voller Wucht die Treppe hinuntergestoßen hatte, wo er mit seinem Kopf unglücklich auf die Steintreppe knallte und dann verblutete. Sie war rausgerannt, als er sich nicht mehr rührte.

Dem Wasserhahn entsprangen zum wiederholten Male Tropfen. Antonio ignorierte es. Wen interessierten jetzt die Wasserkosten?

Auf einmal sah Aylin Ayse hinter dem Kommissar vortreten und fiel ihr um den Hals. Sie hatte alles mit angehört.

„Kiz (Türkisch für Tochter), kiz, was hat Ahmet dir angetan! Warum hast du mir das nie erzählt?"

„Ist schon gut Anne, nicht deine schuld!"

Aylin streichelte ihren Rücken.

Nachdem Ayses Brüder bei ihrer Gattenwahl nicht genug Durchsetzungskraft gehabt hatten, hatten sie sich bei ihrer Tochter einmischen wollen, um sie möglichst früh unter die Haube zu bringen. So hätte wenigstens sie keine

Schande, durch eine erneute Hochzeit mit einem Ungläubigen, über die Familie gebracht. Da kam ihnen der Vorfall mit Ahmet gerade recht. Wobei sie gar nicht genau wussten, was vorgefallen war. War ihnen auch egal. Im Gegenteil; sie taten es ab und warfen der dreizehnjährigen Aylin vor, sich selbst angebiedert zu haben. Das war für sie ein klares Einverständnis. Aylin wurde nie dazu befragt. Jetzt hätte sie Ahmet heiraten müssen. Aber Aylins Vater kam ihr zur Hilfe und wollte sie wegen der Zwangsheirat anzeigen. Sie hatten Angst vor einer Anzeige. Das hätte ihren Ruf als bedeutende Geschäftsmänner ruiniert. Ihre Mutter Ayse hatte nie etwas davon erfahren.

Antonio überzeugte Aylin, endgültig gegen Arturo und Migu auszusagen. In der Folge kam sie wegen mildernder Umstände frei.

Arturo und Migu wurden zu einer Gefängnisstrafe verurteilt. Gegen das Urteil legten sie allerdings erfolgreich Berufung ein.

Nach kurzer Zeit eröffnete unter Arturos Namen ein neues Nobelrestaurant am Hauptplatz, das nun Miled führte.

Die Polizei war machtlos, denn sie hatte keine Beweise gegen sie in der Hand.

Inzwischen hatte sich Arturo einen anderen Rechtsanwalt zugelegt, der seine Weste sauber hielt.

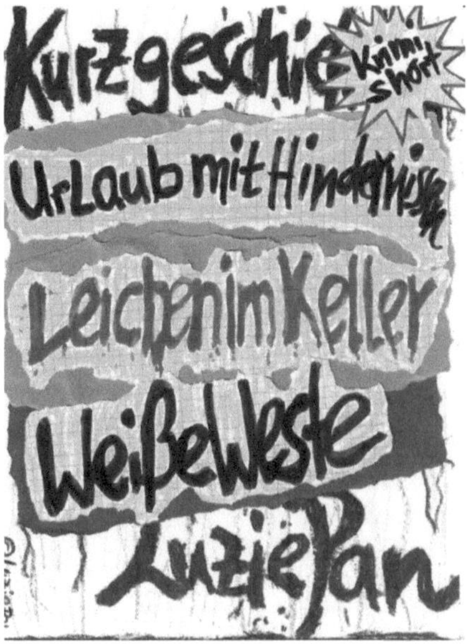
Kurzgeschic
Krimi short
Urlaub mit Hindernissen
Leichen im Keller
Weiße Weste
Luzie Pan

Urlaub mit Hindernissen

Krimi-Kurzgeschichte

Widmung

Für alle Entführten, Gekidnappten und Verschwundenen.

Vorwort

Kommentar von Arno von Rosen (Thriller-Autor):

„Wie schnell wird ein Urlaub zum Hindernislauf. Viele von uns haben da schon eigene Erfahrungen gemacht, aber wir können sicher sein, dass die Erlebnisse der Romanfigur von Luzie Pan erheblich von der üblichen Norm abweichen. Nicht nur deshalb lohnt es sich mehr über die weiteren Geschehnisse zu erfahren. Der Auszug (Leseprobe) der Story ist schon mal vielversprechend."

Bewertung meiner Lektorin:

„Zum ersten Mal habe ich einen entführten Protagonisten auf meinem Bildschirm, der in der „Telefonzelle" steht, um eine Lösegeldforderung weiterzugeben. Die ersten beiden Seiten haben mir gut gefallen. Sowohl .. als auch Herberts Zittern aufgrund des stürmischen Klopfens ließen mich voller Spannung weiterlesen. Recht sicher bin ich mir, dass Sie die Geschichte mit einem Augenzwinkern geschrieben haben."

Urlaub mit Hindernissen

Das Buch mit der Aufschrift: „Wichtige Telefonnummern“ hatte er nun zugeklappt und der Sprechapparat der Telefonzelle verschluckte die Münzen schneller, als sie Herbert, von einer Neureichen frisch geschieden, hinterherwerfen konnte.

„Ja, hier in Valencia ist es herrlich, 30 Grad. Heute sind wir Boot gefahren!“, keuchte er in den Hörer.

Kalter Wind blies um das Telefonhäuschen. Der trübe Tag nahm kein Ende, die Wolken ließen keinen einzigen Sonnenstrahl hindurch. Die Tage wurden kürzer. Langsam ging die Beleuchtung in der Kabine an.

Es klopfte stürmisch an die Glastür der Zelle. Herbert drehte sich um. Erschrocken wendete er den Kopf wieder weg.

„Aber Herbert! Ich verstehe nicht, du bist doch seekrank und fährst Boot?“, klang es zweifelnd aus dem Apparat.

Er trippelte nervös von einem Bein aufs andere und versuchte sich ja nicht umzudrehen.

„Nein, das war gar nicht schlimm, es war er nur ein kleines Boot“, stammelte er in den Hörer.

Das Klopfen wurde immer lauter.

„Nein, Mama, es ist nicht so, wie du denkst!“, winselte er und seine Hände zitterten, als er die Ohrmuschel ans andere Ohr legte.

„Mama, ich ich … muss jetzt Schluss machen, da da steht jemand vor der Telefonzelle“, schnaubte er in die Hörmuschel.

„Telefonzelle? Hast du kein Handy?“

Plötzlich wurde die Tür aufgerissen. Ein Mann mit schwarzer Sonnenbrille quetschte sich in die Zelle, legte in Sekundenschnelle seine Hand im Klammergriff um Herberts Hals und würgte ihn.

„Bist du noch dran, Herbert? Du sagst gar nichts mehr? Wo bist du?“, winselte es derweil aus dem Hörer.

Als ihn der Mann wieder losließ, hüstelte Herbert ermattet: „Ich, ich weiß nicht!“ in den Hörer, den ihm der Mann aus der Hand riss und mit Wucht auf die Gabel knallte. „War`s das?“, donnerte es aus dem Mann heraus.

„Ja … ja“, entgegnete Herbert zögernd.

„Wann zahlt sie?“, brüllte ihn der Mann an.

„Äh, äh … wann zahlt wer?“, stotterte Herbert kreidebleich.

„Wie? Du willst mich wohl verarschen?“

Der Eindringling ging Herbert erneut an die Gurgel und rammte ihm voller Wucht sein Knie in dessen Bauch, so dass Herbert gekrümmt auf den Boden sank.

Als der Sonnenbrillenmann die Telefonzelle verließ, pfiff er den Männern auf der anderen Straßenseite zu, die sofort herüber geschlendert kamen.

„Wir müssen den Lösegeldplan ändern, so geht das nicht! Schafft ihn wieder ins Boot!“, befahl er seinen Jungs, die tatbereit vor ihm standen.

Ergeben gingen die Männer zum Telefonhäuschen, zerrten den jaulenden Herbert heraus und schleiften ihn zum Hafen. Dort angekommen, verfrachteten sie ihn, fast bewusstlos, in die Bootskombüse. Anschließend kletterten sie erneut auf den Anlegesteg.

Ihr Chef saß an der Mauer und blies kleine Rauchwolken vor sich hin. Auf der Seite gegenüber der Hafenmauer war die Küstenwache stationiert. Plötzlich fing ein Polizist an, davor auf und ab zu gehen.

Beim Anblick des Marineoffiziers raunte der Boss zu den Männern:

„Scheiße, ich dachte, es ist Mittagspause, schnell weg hier!"

Während er auf die Reling zum Boot sprang, wurde er von hinten überwältigt.

„Herr Zapata, ich verhafte Sie hiermit, wegen Verdachts auf Erpressung und Menschenschmuggel. Wir haben Sie längst beobachtet. Das hätten Sie nicht gedacht, was?", kam es feixend aus dem Mund eines Grenzpolizisten mit Frontex-Wappen, hinter dem wie aus dem nichts vier weitere Polizisten auftauchten.

Zapata schlug wild um sich und rief entrüstet aus: „Ich habe damit nichts zu tun!"

Zapatas Komplizen waren längst mit dem Boot auf und davon. Der Befehlshaber befahl seinen Kollegen, dem Boot nachzufahren und die Gauner, auf die Wache zu bringen.

Als Herbert einige Tage später in einem Berliner Krankenhaus erwachte, wollte er seinen Augen nicht trauen.

Kurzgeschichten
Krimi
Leichen im Keller
LuziePan
©LuziePan

Leichen im Keller

Krimi-Kurzgeschichte

Widmung

Für alle Mobbingopfer, ausgebeuteten Angestellte und LeiharbeiterInnen.

Vorwort

Kommentar von Daniel Mattes (Thriller-Autor):

„Die Kurzkrimis von Luzie Pan sind immer wieder eine Empfehlung wert. Die Autorin bietet gute Unterhaltung, macht aber auch auf gesellschaftliche Probleme und Missstände aufmerksam. In dem Buch "Leichen im Keller" stellt sie außerdem die spannende Frage: Was wäre wenn. Die Autorin hält uns einen Spiegel vor, in dem sich einige von uns erkennen werden. Fazit: Eine klare Leseempfehlung."

Kommentar von Arno von Rosen (Thriller-Autor):

„"Leichen im Keller", ist ja ein stehender Begriff für nicht bewiesene Behauptungen. Hier arbeitet Luzie Pan aber viel mehr heraus, als nur ein Klischee zu bedienen. Es wäre einfach in gut oder böse einzuteilen, würde der prickelnden Geschichte aber nicht gerecht werden. Vielmehr werden hier die einzelnen Figuren verführt, etwas zu tun, das uns allen hin und wieder vorschwebt, sich aber niemand zu trauen wagt. Dennoch enthält die Story so viel Realismus, dass wir uns die Situation mit unseren Kollegen und Vorgesetzten lebhaft vorstellen können. Dieser Erzählung steckt immer ein bissiges Lachen im Nacken, was sie so herrlich unverwechselbar macht".

Bewertung meines Lektors:

"Treffend kontrastieren Sie die penible Lebensführung Herrn Feddersens zu dem bevorstehenden Ausbruch, der seinem von Unterdrückung geprägten Berufsleben ein jähes Ende beschert. Sehr schön erfüllt sich so die anvisierte Prämisse „Wie du mir, so ich dir". Das haben Sie fantasievoll ausgesponnen, fesselnd und ungemein authentisch erzählt. Darüber hinaus haben Sie in der Tat unter Beweis gestellt, dass Sie die Konstruktion eines Konfliktes beherrschen".

Zitat

„Seht, ich sende euch wie Schafe

mitten unter die Wölfe;

seid daher klug wie die Schlangen

und arglos wie die Tauben."

(Mt 10,16 (NT))

Leichen im Keller

Anton Feddersen lebte ein ausgesprochen wohlgeordnetes Leben. Das Haus hatte er von seinen Eltern geerbt und ebenso die Schulden. Seine Mutter wohnte im Altersheim. Er besuchte sie alle Jubeljahre einmal. Sie war verbittert, denn er hatte ihr keine Enkel geschenkt.

Feddersen lebte nach der Uhr. Er stand jeden Morgen um die gleiche Zeit auf, kam um die gleiche Zeit in sein Büro, frühstückte dort, nachdem er vorher beim Bäcker war, verließ das Büro zur gleichen Zeit, nahm zuhause das Abendbrot alleine ein, wusch ab, schaute fern und ging um zweiundzwanzig Uhr zu Bett, daran änderte sich nie etwas.

Er arbeitete seit Jahren, für eine einflussreiche Firma, die bedeutende Dinge herstellte. Er war zuverlässig und korrekt, aber nur ein kleiner Angestellter und fühlte sich zunehmend von seinem Chef Herrn Oberleitner übergangen. Wobei er alles für ihn tat.

Angefangen hatte alles, als er feststellte, dass ein Mitarbeiter in gleicher Position und Alter wie er wesentlich mehr verdiente, obwohl er weniger arbeitete. Das verdross ihn. Als er seinen Chef darauf ansprach, ignorierte dieser das und schickte ihn auf Geschäftsreise.

Wieder zurück, war sein Kollege weg. Er dachte, man hatte ihm gekündigt. Sein Dienstherr hatte ihn jedoch zum Abteilungsleiter in einer anderen Filiale befördert. Das ärgerte Feddersen noch mehr. Er wollte endlich raus aus dieser „Handlangerposition" mit diesem Minigehalt. Er bangte um seine Existenz, denn er musste seine ererbten Schulden zurückzahlen und das Altenheim war teuer. Außerdem saß ihm die Bank im Nacken. So sprach er seinen Arbeitgeber nochmals darauf an. Der wimmelte ihn jedoch ab und deckte ihn erneut mit Arbeit ein. Darüber hinaus warf er ihm vor, dass er nicht „produktiv" genug war. Sein Posten stand bereits auf der Abschussliste.

Eines Tages war der Buchhalter krank und Feddersen sollte den Jahresabschluss für ihn machen. Es war sehr eilig, denn die Finanzbuchhaltung war hinten dran. Dabei machte Feddersen erstaunliche Entdeckungen.

„Wie kann sich der Chef eine so tolle Villa leisten?", meinte er beiläufig, als er Frau Sommer, dessen Sekretärin, tags darauf Schriftstücke vorbei bringen wollte und in ihr Büro hereinschneite.

„Woher soll ich das wissen!", tönte eine grelle Stimme zwischen den beiden Ficuspflanzen hervor.

Woraufhin Anton einen Schritt auf sie zu stolzierte und schmunzelnd ein paar vertrocknete Blätter ihres Ficus abzupfte, nachdem er die Akten auf ihrem Schreibtisch abgestellt hatte.

„Wenn Sie das wüssten, wäre es ihnen lieber, sie würden es nicht wissen!", murmelte er dann, machte kehrt und ging zurück in sein Büro.

Die Sekretärin stierte ihm kopfschüttelnd hinterher schritt dann zur ihrem Schreibtisch, kramte in der Schublade und begann sich die Nägel zu feilen.

Der Jahresabschluss war fertig. Nach Weihnachten ging sein Chef für vier Wochen in Urlaub. Anton durfte seine

Aufträge vorbereiten, aber ihn nicht vertreten. Das machte Frau Sommer, die überhaupt keine Ahnung hatte, aber dafür die schöneren Augen und einen einwandfreien Körperbau.

Das ärgerte Anton, was dazu führte, dass er Frau Sommer mied und nur noch das Nötigste mit ihr sprach. Ehrlich gesagt stand er auf sie. Sie hätte ihm gefallen, aber da war dieser Buchhalter.

Der Chef trudelte ein und zitierte Anton ins Büro.

„Was haben Sie hier wieder für einen Bockmist gemacht!", herrschte er ihn an.

„Was kann ich dafür, dass die abgesprungen sind. Wären Sie da gewesen! Ich durfte ja nichts unternehmen!", konterte er.

Sein Mut wuchs. Er fühlte sich im Recht. Nach drei Wochen beschloss der Chef, nochmals einen Kurzurlaub zu machen: Skifahren in der Schweiz. Er musste abschalten. Sein Vorgesetzter setzte ihn unter Druck. Anton bekam diesmal den Auftrag, den verloren gegangenen Kunden wieder einzuwickeln.

Kurz darauf verließ Feddersen sein Büro pünktlich um fünf Uhr dreißig und lief wie immer beim Pförtner vorbei, der ihm hinterherwarf:

„Pünktlich wie immer, Herr Feddersen."

„Ganz genau. Auf Wiedersehen".

Nachdem er die üblichen drei Minuten an der Haltestelle gewartet hatte, überlegte er es sich anders und ging nochmals zurück in sein Büro.

Als er später in die Linie 60 stieg, sagte Feddersen zum alteingesessenen Busfahrer Otremba:

„Schöner Abend heute, was?"

„Soll aber noch regnen", gab Otremba zurück.

„Dabei hatten wir in letzter Zeit immens viel Regen“, stöhnte Feddersen.

Freundlich nickend ging er weiter und setzte sich auf den gleichen Platz wie immer. Er dachte an seinen Chef, der schon wieder Urlaub machte.

„Na, der hat`s gut und reichlich“, grübelte Feddersen, drehte die Augen zu Decke und flüsterte, „aber der hat auch Leichen im Keller.“

Er schlug seine Zeitung auf und hatte plötzlich eine Idee. Zuhause angekommen gesellte sich zu seiner Routine ein weiteres kleines Ritual hinzu: Er ging abends immer in den Keller.

Es wurde langsam wärmer. Die ersten Krokusse sprossen durch die schneebefreite Erde. Vor seiner Firma angekommen schlenderte er am nächsten Tag gedankenverloren auf sein Büro zu.

„Sagen Sie mal Herr Feddersen, wann kommt der Herr Oberleitner wieder?“, unterbrach Oberleitners Sekretärin, als sie ihn antraben hörte, seine Gedanken, wobei sie den vor ihr stehenden Ficus sorgenvoll begutachtete. Inzwischen sah er beinahe aus wie ein Skelett.

„Ich denke noch `ne Woche!“, warf Feddersen ihr zu, als er kurz seinen Kopf in ihr Büro steckte und in seinem Arbeitszimmer verschwand, während Frau Sommer geistesabwesend die Gießkanne am Waschbecken füllte, ein „Ah“ ausstieß und beflissen den Ficus wässerte.

Nach der Arbeit betrat Feddersen einen Antiquitätenladen, der bei ihm um die Ecke lag.

„Und die funktionieren wirklich noch?“, fragte er zweifelnd den Verkäufer.

„Na klar! Die sind von meinem Vater! Das ist noch Qualitätsarbeit! Testen Sie mal!“

„Ok, die nehme ich. Was macht das?“

„Behalten Sie den Rest!“, pfiff er dem Antiquitätenhändler nach und trat auf den nassen Bürgersteig.

Es hatte wieder angefangen zu regnen.

Samstag war Einkaufstag. Feddersen zwängte sich mit seinem Einkaufswagen durch die vollen Gänge. Endlich war er vor dem Fertiggerichteregal angelangt. Er stutzte kurz und es entfloh ihm ein leises „Scheiße“ und er kratzte sich den kahlen Kopf. Das Regal war vollständig ausgeräumt. Plötzlich rempelte ihn von hinten ein Mann an.

„Können Sie nicht aufpassen!“, fauchte dieser und baute sich vor ihm auf.

Verwirrt drehte sich Anton um, wendete geschickt seinen Einkaufswagen und nahm eilig einen anderen Korridor zu den Tütensuppen.

„Das wird es auch tun! Bin doch kein Hotel!“, frotzelte er, Sehens ihm eine reiche Auswahl entgegen strahlte.

Er griff ein Sortiment aus dem Regal und schmiss es in den Wagen. Dann zog er Richtung Kasse ab. Dort erspähte ihn seine Nachbarin, die interessiert in seinen Wagen gaffte.

„Na, Mikrowelle kaputt?“, grinste sie ihn an.

„Na, ausverkauft!“, gab er schnippisch zurück.

„Sie sollten sich halt eine Frau anschaffen!“, lachte sie.

Feddersen schnaufte. Ihm ging diese Hausbewohnerin schon eine Weile auf den Geist. Er verzog das Gesicht und stellte sich flugs an einer anderen Schlange an.

„Nur nicht auffallen“, dachte er.

Als er zum Parkplatz huschte, stieg gerade der Buchhalter, der ihn von weitem grüßte, aus seinem Auto. Feddersen erschrak als er ihn erblickte, zog die Mundwinkel hoch, schritt rasch zu seinem Wagen, der in einer anderen

Ecke stand und machte Anstalten, ihn eilig aufzusperren. Da tippte ihn jemand von hinten auf die Schulter.

„Sagen Sie mal, der Chef schaltet wohl sein Handy im Urlaub ganz aus? Da sind nämlich so komische Rechnungen aufgetaucht. Vom vorletzten Jahr!", drang es an sein Ohr.

„Ich weiß", antwortete Feddersen, „und nein, ich weiß nicht, ob er sein Mobiltelefon ausschaltet", schob er schroff nach, stieg ein und schlug ihm die Fahrertür vor der Nase zu. Der Buchhalter klopfte daraufhin heftig an die Fensterscheibe.

„Herr Feddersen, was wissen Sie? Sagen Sie doch! Irgendetwas läuft hier falsch", schwadronierte er wild gestikulierend vor seinem Fenster weiter.

Da kurbelte Feddersen die Scheibe herunter und beugte sich aus dem Wagen.

„Schön, dass Sie da auch schon drauf gekommen sind", säuselte er, „stellen Sie ihn zur Rede, wenn er wieder kommt, ich muss jetzt los."

Er kurbelte das Fenster wieder nach oben und startete den Motor.

Am Kioskstand vor seinem Haus kaufte er eine Zeitung mit dem heutigen Deckblatt:

„Skifahrer in den Schweizer Bergen verunglückt".

Ein leichtes Lächeln huschte für eine Sekunde über sein Gesicht. Er zahlte und nickte dem Verkäufer zu.

„Schönen Tag noch."

„Ebenso. Schlimm nicht?"

Feddersen schaute der Verkäufer entgeistert an.

„Was?"

„Na, das mit dem Skiunfall!"

„Ach so, … ja ja!"

„Na finden Sie nicht? Da fährt man ahnungslos zum Skifahren und wacht im Krankenhaus wieder auf. Schön ist das nicht!", schwatzte der Kioskverkäufer, während er das Geld nachzählte.

„Mir kommt der Name so bekannt vor. Ich weiß nicht, wo ich ihn hintun soll!", quasselte er und schaute ihn nachdenklich an.

Feddersen zuckte mit den Schultern und wandte sich zum Gehen.

„Kannten Sie ihn nicht? War der nicht von der … na wie heißt sie noch … der … mir fällt jetzt der Name nicht ein … aber Sie wissen schon", flötete er und trommelte mit seinen Fingern auf seiner rechten Wange herum.

„Na, das fällt Ihnen sicher noch ein, ich muss los, schönen Abend."

Am Montag, als er zur Arbeit kam, standen Journalisten vor seiner Firma. Er sah sie schon aus der Ferne, als er von der Bushaltestelle um die Ecke bog.

„Das ging aber schnell!", pfiff Feddersen.

Er marschierte an den Reportern vorbei direkt ins Büro und meldete sich bei Frau Sommer krank; sonst gar nicht seine Art. Inzwischen hatte Frau Sommer die Pressevertreter abgewiegelt.

Abends wanderte er wieder in den Keller. Da hörte er heftiges Klopfen an der Kellertür, hinter der er verschwand. Jetzt löste Feddersen die Handfesseln des am Boden liegenden Mannes, damit dieser essen konnte. Wobei ihn der Gefesselte grimmig anstarrte.

Als Anton die zweite Handfessel gelöst hatte, keifte dieser ihn an: „Von mir bekommen Sie keine Gehaltserhöhung! Darauf können Sie Gift nehmen!"

„Das ist aber ziemlich ungünstig für Sie!", spottete Feddersen und schob ihm einen gefüllten Suppenteller hin.

Der Mann schaute ihn verwirrt an und runzelte die Stirn.

„Was soll das heißen?", kläffte er.

„Nun, ich habe heute in der Zeitung gelesen, dass in den Schweizer Bergen ein Skifahrer verunglückt ist und heute Morgen standen viele Journalisten vor Ihrer Firma."

„Sssie Idiot, verzapfen Sie nicht so eine Scheiße!", brüllte ihn Herr Oberleitner mit errötetem Kopf an und wollte auf ihn losgehen, seine Fußfesseln hinderten ihn jedoch daran.

„Sachte, sachte! Beschädigen Sie meine antiken Fußschellen nicht! Das ist Qualitätsarbeit!", grunzte Feddersen süffisant.

Oberleitner setzte sich abrupt wieder hin, lehnte sich an die Wand und schnaufte. Daraufhin schlenderte Feddersen zum Kellerfenster, prüfte mit dem Zeigefinger die Dichtung und schaute dem Regen zu. Dann drehte er sich um, tänzelte auf seinen Chef zu, legte lächelnd den Zeigefinger auf seine Wange, den Daumen unter sein Kinn und baute sich vor ihm auf.

„Nun … ich mache Ihnen ein Angebot. Sie befördern mich zum Abteilungsleiter mit vierzehntem Monatsgehalt, als Entschädigung für meine jahrelange Treue auf die Sie bisher geschissen haben!", feixte Feddersen und spazierte wieder zum Fenster.

Draußen begann es jetzt stärker zu regnen und die Regentropfen prasselten gewaltig an das Kellerfenster, als wollten sie ihm zustimmen. Oberleitner starrte ihm bitterböse hinterher. Dabei presste er die Lippen zusammen. Feddersen ließ seinen Blick aus dem Fenster wieder zu Oberleitner gleiten und setzte gelangweilt nach.

„Oder … ich verrate den Journalisten, was Sie wissen wollen: Steuerhinterziehung, Veruntreuung von Firmengeldern für Ihre schicke Villa und lauter so Sachen … ich habe da so einiges gefunden."

Oberleitner wich Feddersen Blick aus und stierte unbewegt vor sich hin. Schweißtropen zeichneten sich langsam auf seine Stirn.

„Jetzt, wo Sie im Krankenhaus liegen nach Ihrem Skiunfall!", polterte Feddersen und setzte ein breites Grinsen auf.

„Das waren Sie!", zischte Herr Oberleitner und schnalzte mit der Zunge, wobei ihm Schaum vor den Mund trat.

„Nun ja, ich gebe zu, an mir ist ein Schriftsteller verloren gegangen, aber ich bevorzuge doch meinen ersten Vorschlag."

„Was ist, wenn ich nicht darauf eingehe? Murksen Sie mich dann ab?", raunte Oberleitner, dessen Kopf inzwischen knallrot war wie eine ungarische Paprika.

„Wie gesagt, die Türen der Justiz stehen ihnen jederzeit offen!"

Dann legte Feddersen eine bedeutungsvolle Pause ein.

„Denken Sie nicht nur an sich Herr Oberleitner! Denken Sie doch auch an ihre hübsche Frau, ihre entzückenden Kinder, das Prachtstück von Villa! … Wollen Sie, das alles aufs Spiel setzen?", setzte er sein Gesäusel fort.

Oberleitner griff den Suppenteller und warf ihn nach ihm, wobei sich das Tellerinnere vollständig auf den Betonkellerboden ergoss.

„Nicht doch, nicht doch! Sie versauen meinen schönen Kellerboden! Oder schmeckt Ihnen die Suppe nicht? ... Dieser Supermarkt hatte leider nichts anderes, Verzeihen Sie."

Oberleitner atmete geräuschvoll durch und räusperte sich. Feddersen, dem das nicht entging, sprang sofort auf ihn zu.

„Nur zu! Sprechen Sie mit mir! Das ist doch ein fantastisches Angebot! Tut gar nicht weh!", zwinkerte er ihm zu.

Sein Chef schnaufte. Dann knallte er die Faust auf den Boden.

„O.k. Abteilungsleiter, dreizehntes Monatsgehalt und eine Prämie. Jetzt nehmen Sie mir endlich diese verdammten Fußfesseln ab!", brüllte er Feddersen zu.

„Na, geht doch. Nichts leichter als das!", trällerte Feddersen, „so ein Dementi ist ja flugs geschrieben!"

„Ihre Zusage habe ich übrigens auf Band! ... Sicherheitshalber", schmunzelte er und schaltete sein Diktiergerät aus, das er aus seiner Hosentasche zückte.

Dann spielte er mit den Fußfessel-Schlüsseln, hielt inne, kniete sich zu ihm herunter und sah ihm eindringlich in die Augen.

„Kein Wort zu niemand! Sie waren niemals hier und man hat sie eben erst aus dem Krankenhaus entlassen! ... Also denken sie sich was aus! ... Sonst hätte ich noch einen Korruptionsskandal im Angebot, den ein befreundeter Journalist gerne veröffentlichen möchte. Ich verfüge über Beziehungen! ... Unterschätzen Sie mich nicht!"

Widerwillig nickte Oberleitner, immer noch schweißgebadet. Darauf richtete sich Feddersen auf und warf ihm die Schlüssel zu. Die Tür fiel knarrend ins Schloss, als er den Keller verließ.

Eine Woche später bezog er sein neues Büro und bekam eine eigene Sekretärin. Frau Sommer. Der Buchhalter wurde entlassen.

„Ich besitze Karten für die Oper heute Abend!", tirilierte Frau Sommer, als sie Feddersen den Morgenkaffee reichte, „falls Sie Lust hätten? Meine Mutter kann nicht, ihr geht's nicht gut!"

„Aber ja doch", lächelte Feddersen, strich über das Mahagonifurnier seines neuen Schreibtisches, legte die Füße darauf und nippte an seinem Kaffee.

Anmerkungen

Meine liebe Leserschaft, ich freue mich sehr, dass ihr/ Sie dieses Buch erworben habt/haben. Noch mehr freue ich mich über Kommentare auf meinem Blog: https://luziepan.wordpress.com; für Anregungen bin ich auch sehr dankbar.

Feedback kann auch direkt an luzie.pan@gmx.de geschickt werden, oder über Facebook, Instagram, LinkedIn oder Twitter, mit dem Hinweis auf mein Buch.

Neben dem vorliegendem Buch „Kurzgeschichten-Sammlung", die teils einzeln in den unten genannten Kurzgeschichten-E-Books der Erstveröffentlichungsreihe von 2015 erschienen sind, gibt es daraus auch folgende drei „Sparten-E-Books":

1. „Humor Tragik Romantik Fantastik-Kurzgeschichten"
2. „Drama-Kurzgeschichten"
3. „Krimi-Kurzgeschichten"

Diese sind bei den gängigen E-Book-Händlern erhältlich und erscheinen auch noch als Printausgaben.

Aktuelles über die genauen Veröffentlichungsdaten auf dem Blog: https://luziepan.wordpress.com

Kurzgeschichtenreihe

Die einzelnen Kurzgeschichten sind 2014/2015 als teils einzelne E-Books erschienen und jetzt als 2. überarbeitete Neuauflage als E-Books und außerdem in den oben erwähnten Bundles erhältlich.

1. Gestrandete Existenzen (Erzählexperiment)
2. Zu viel Licht (Fantastik)
3. Lächeln gegen den Wind, Markus hat Glück, Spätberufen (Humor-Tragik)
4. Unfall mit Folgen, Das passende Kleid, Zug ins neue Leben (Romantik)
5. Barbier von Neukölln (Krimi)
6. Weiße Weste (Krimi)
7. Leichen im Keller (Krimi)
8. Urlaub mit Hindernissen (Krimi)
9. Alles für die Ehre, Reise nach Istanbul (Drama)
10. Antonio sucht sein Glück, Giuseppes sizilianische Welt (Drama)
11. Taube Finger fühlen im Kopf (Drama)
12. Heimat (Drama)

Hinweise zur Entstehung meiner Kurzgeschichten

Meine Geschichten sind rein fiktiv. Allerdings sind sie inhaltlich teilweise von der Realität inspiriert. Wobei diese modifiziert fiktionalisiert wurde und somit in Literaturform der Kunstfreiheit unterliegt. Personennamen sind rein zufällig. Ähnlichkeiten bezüglich des Persönlichkeitsschutzrechtes sind nicht beabsichtigt. Irgendwelche Namen müssen die Figuren ja tragen. Außerdem werden inhaltliche Darstellungen oft bewusst übertrieben. Sofern dabei Klischees bedient werden, ist dass der Dramaturgie geschuldet und wurde als erzählerisches Stilmittel eingesetzt, um den Plot dramaturgisch auf die Spitze zu treiben und nicht, um zu verallgemeinern. Die Absicht meiner Geschichte ist allein: wertfrei, unterhaltsam und spannend Themen aufzugreifen, zum Nachdenken anzuregen, aber auch die Lachmuskeln zu bemühen, wobei ich mich mitunter auch der Kunstfreiheit der Satire bediene.

Steckbrief der Autorin

Luzie Pan wurde 1971 in Oberbayern geboren, ist eine „mährisch-böhmische Mischung" und teilweise in Oberösterreich aufgewachsen, hat verschiedene Länder bereist und an unterschiedlichsten Teilen Deutschlands und längere Zeit im Ausland (Italien, Sizilien, Litauen, Tirol) gelebt. Sie hat Verlagsherstellung (Buch,- und Medienproduktion) studiert, ist Diplom-Ingenieurin (FH), hat eine Drehbuch,- und Dramaturgie-Ausbildung, ein drei-jähriges Belletristik-Fernstudium absolviert, einen Kurzfilm produziert, ist seit 2011 als freie Autorin in Berlin tätig und im Verband deutscher Schriftstellerinnen und Schriftsteller. Sie spricht deutsch und italienisch in unterschiedlichen Dialektfärbungen und englisch. Sie betreibt den Blog: https://luziepan.wordpress.com, auf dem u.a. Leseproben und Audioleseproben ihrer Geschichten verfügbar sind, welche kommentiert werden können und außerdem den Roman-Blog: https://schmecktnachmeehr.com .